沙孟海书学院——编

沙孟海研究

| 甲辰卷 |

上海书画出版社

前　言

离这不远处，便是井头山遗址、河姆渡遗址，那是中华民族八千年文化的肇始之地。到源头饮水，在这里我们可以感受到冥冥中的创生之机，感受到阳明文化、浙东文化、佛教文化、商帮文化以及藏书文化的孕育，这是远古先民们馈赠给后人的宝贵遗产。

宁波是一座具有深厚底蕴的历史文化名城，它历经百年中国的沧桑巨变，于时代洪流中弦歌不绝，于风云激荡中初心不改。在这里，有艺理兼通的书画宗师，有学贯中西的学术大家，有书法高等教育的奠基人，有奔赴延安、以笔为旗的革命艺术家，有国难当头保存地上文物的领军人，有抱残守缺的国粹名宿，更有享誉全球的艺坛巨擘……这一个个熠熠生辉的人物标签，宛如一座群峰挺立的山脉，雄壮巍峨；亦如一条璀璨瑰丽的银河，群星闪烁。

沙孟海（1900—1992）先生的一生，走过了近一个世纪。他所处的时代，社会思潮风起云涌，艺坛巨匠层出不穷，堪称中国历史上又一个"百家争鸣"的时代。在这短短不足百年的时间里，中西方文化激荡，碰撞出异彩纷呈的艺术之光、思想之火。在世人的心中，沙先生是当代书坛泰斗，是书法艺术领域的百年巨匠；在我们家乡人民的心中，沙老是从鄞州走出来的宁波儿女，是我们全市人民的骄傲！他千方百计支持家乡的事业，我们敬仰他精益求精的务实之风；他勤勉耕耘，青年时就跻身名家行列，我们敬仰他开拓创新的进取精神；他为浙江的文化、考古事业奠基，为新时期的高等书法教育开路，为国、为乡、为人民历史可鉴。习近平总书记在浙江考察时指出，宁波人一文一武，文是院士，武是商家，文武相济，大事必成。宁波人天生就有一种勇立潮头、勇创大业的精气神。生活在这片大地上，共同铸就了宁波城市的特征，共同创造了宁波城市的辉煌。

围绕沙孟海先生展开的个案研究，是一个值得深入和不断实践的问题。本卷所辑的诸篇文章，既是探讨沙先生的艺术风格与学术价值的重要成果，也是研究书法艺术、古典文学、古文字学、金石考古学、书学和印学等学术领域不可缺少的珍贵文献。它们是时代的留声机，是历史真实的记录者。同时，也展示了沙孟海先生丰富的精神世界，并多角度反映了他的艺术风格和学术思想。在此，谨向为本卷的编辑出版付出心血的诸君表示衷心的感谢！

今年恰值中华人民共和国成立 75 周年，是邓小平同志发出"把全世界的'宁波帮'都动员起来建设宁波"号召 40 周年，也是习近平总书记做出"宁波帮"重要指示 20 周年。当我们回望这座城市舞台的过往，我们看到现代文明的华丽景观，我们看到中国革命的开天辟地，我们看到不同时代的传奇与梦想交织辉映，我们更看到这座城市的现代化进程演绎出国人的抗争和寻觅、离合与悲欢。我们特别能感受到这个新时代的激越脉搏。我们坚信，只要不忘初心，保持本色，以学术的高度、卓识的厚度、普及的广度以及实践的温度，进一步提升宁波历史文化的辨识度，用优秀研究成果和艺术作品深挖文化内核，一定能守住宁波文艺事业的"根脉"，呈现新时代的历史刻度！

沙孟海书学院
2024 年 11 月

目 录

前　言　　　　　　　　　沙孟海书学院 / 3

学 术 篇

试论沙孟海在当代书法发展中的典范意义
　　　　　　　　　　　钱丁盛　潘　捷 / 8

隋代楷书研究的实践价值——由沙孟海对相
关研究引发的思考　　　　　　沈　浩 / 20

沙孟海对现代书法教育的思考与探索——以
沙孟海致亲友书札为讨论中心　方　波 / 32

书迹、文献与文物相互释证——从沙孟海古
文字考释观谈起　　　　　　　袁文甲 / 42

沙孟海书学思想的生成——从回风堂问学
（1920—1922）说起　　　　　胡　鹏 / 56

将军印的雅化——以沙孟海篆刻为例
　　　　　　　　　　　　　　钱　进 / 70

天涯相望石荒友——易均室与沙孟海交游始末
　　　　　　　　　　　　　　王罘堂 / 80

朱光墨气　照映瀛寰——沙孟海与日本的近
现代书法文化交流略论　　　　陈　磊 / 100

往 事 篇

《沙孟海遗墨》序　　　　　　启　功 / 126

一笔沉雄四野歌——沙孟海先生的书学成就
　　　　　　　　　　　　　　王伯敏 / 130

沙孟海社长关于西泠印社发展的学术主张
　　　　　　　　　　　　　　陈振濂 / 136

金石千秋　长沐春风——缅怀沙孟海师
　　　　　　　　　　　　　　赵廷芳 / 142

中国文艺的体现者——沙孟海
　　　　　　　　　　（日）西岛慎一 / 146

陈兼善《致沙孟海札》　　　　方爱龙 / 152

郭沫若赴苏前夕致沙孟海信解读
　　　　　　　　　　　　　　刘运峰 / 156

从《陈屺怀致沙孟海札》谈沙孟海早年代笔
　　　　　　　　　　　　　　古　心 / 162

夫蔡以
者以其
劫響逸足似樞凡識知妓絕群則
目也向
伯喈不足稱良樂末可尚也

漢字分筆排檢法

一、引言

檢字是其一種推動文化的重要工具。由於漢字構造之特殊，沒有字母次序可循，所以直到今天還沒有一個簡單便捷適合大眾需要的檢字法。今天全國工農

学术篇

试论沙孟海在当代书法发展中的典范意义

隋代楷书研究的实践价值——由沙孟海对相关研究引发的思考

沙孟海对现代书法教育的思考与探索——以沙孟海致亲友书札为讨论中心

书迹、文献与文物相互释证——从沙孟海古文字考释观谈起

沙孟海书学思想的生成——从回风堂问学（1920—1922）说起

将军印的雅化——以沙孟海篆刻为例

天涯相望石荒友——易均室与沙孟海交游始末

朱光墨气　照映瀛寰——沙孟海与日本的近现代书法文化交流略论

学术篇

试论沙孟海在当代书法发展中的典范意义

钱丁盛　　潘　捷

　　沙孟海作为20世纪书坛的代表人物，其凭借深厚的学术功底与高尚人格，在书法、篆刻等诸多领域取得了卓越成就。本文从他的传承、原创、学术、素养和社会责任五个角度出发，寻找并提炼出他对我们当代书法发展的典范意义，以矫正时下繁荣发展的书坛中书法人学识涵养等方面欠缺的弊病。

每个时代都有时代精神，不同的时代精神会孕育出不同的文化。从文化史角度来看，沙孟海先生是当代书法的一座高峰。这座高峰的铸就根植于中华文化的传统，在继承传统与经典的基础上，寻找经典古韵与时代审美的融合，开拓书法时代的审美意蕴，呈现中华文化的品格与时代精神。

随着社会发展到了新时代，人们学习书法越来越便利，书法的普及日益广泛，对书法技法与形式的研究也越来越深入，当今书坛可谓人才济济，新人辈出。而当代的书法发展同时也存在着一定程度的特点与不足，主要表现为：书写创作群体增多，精品缺少；创作意识增强，从传统经典中提炼转化能力却比较弱；作品形式丰富多彩，内涵缺失等。这种有高原无高峰的现象成为当代书法发展的一大困惑。

"高峰"的称谓，往往是经过时间沉淀、学术追问、历史过滤，褪去当世的利益、情感、纷争与世俗光环，由不持偏见和独持己见的史论者们给出的判断。其具有艺术的深度、广度、高度与温度，尤其在历史长河中给后来者以典范意义。研究一座已耸立的高峰，探究他们成长的规律和路径，这有利于当代书法界寻找到突破高峰的方法。今年正值沙孟海先生诞辰一百二十周年，我们以沙老为代表，从他的作品、学术思想、

沙孟海像

人物品格等多个角度出发，探寻他在当代书法发展中的典范意义。

一、文化正脉的传承典范

每个民族与国家的自信与梦想，来自对自己民族文化正脉的坚守，书法的发展就是一个对文化正脉的传承与创新的过程。沙孟海在许多文章和场合中对自己的学习方法作出过总结，屡次提到了"转益多师"和"穷源竟流"的传承之法。"转益多师"就是要向所有优秀的人学习，无论古今，无论长幼，汲取他们作品中的养分，学习他们的治学方法。沙老的"转益多师"，其实也见证并参与了书坛近百年的传承和发展。在他晚年的《书学师承和交游姓氏》中详细谈到了他一生师承和交游的名录。此名录分"书学"和"印学"两部分。"书学"

沙孟海草书曹操诗卷

共38人，其中亲炙2位（吴昌硕、冯君木），私淑6位（梅调鼎、康有为、翁同龢、沈曾植、吴大澂、罗振玉），问业8位（钱罕、张原炜、马一浮、章炳麟、沈尹默、褚德彝、马衡、张宗祥），服膺4位（任堇、梁启超、于右任、顾印愚），另已故交游者18位（略）；"印学"共19人，其中亲炙2位（吴昌硕、赵叔孺），私淑1位（黄牧甫），服膺1位（王福庵），另已故交游者15位（略）。[1]从这份名录可见，除书法篆刻家外，其中不乏文学家、思想家、考古学家、文字学家等等。沙老与他们的交集不仅限于书学和印学，更多的是在"宽博的学术领域和内在的学术精神层面"[2]。他的"转益多师"促进了他学习和传承这一代人对文化正脉的坚守。

而沙老所提到的"穷源竟流"更是为我们传承文化正脉提供了一个有效的学习方法。"什么叫穷源？要看出这一碑帖体势从哪里来，作者用怎样的方法学习古人，吸取精华。什么叫竟流？要寻找这一碑帖给予后来的影响如何，哪一家继承得最好。"[3]总结起来就是学某一种碑帖的时候，同时学习与之相关的墨迹碑帖。纵览沙老的书法作品，融汉魏碑版、"二王"、颜书、两宋、晚明帖学与清代碑学，形成了雄强豪迈、大气磅礴的主体风格。这和他对古今碑帖"穷源竟流"式的学习与传承密不可分。

于篆刻，沙老同样注重对传统的继承，他以文字学、金石学为根本，强调远宗近师。吴昌硕曾对其印章作出评价，谓"虚和整秀，饶有书卷清气"。[4]沙孟海早年在宁波时就已经认识到："秦汉玺印譬如文章，犹六经也，后代派别纷出率道于兹。"[5]沙老把秦汉玺印作为取法的根本，翻阅《沙孟海全集4·篆刻卷》，可以看到沙老创作了大量拟古玺、秦印和汉印风格的印章，也有许多印从当时的钟鼎铭文、陶文、封泥中取法。同时他也从明清以后的流派印中汲取养分，除了亲炙吴昌硕、赵叔孺以外，沙孟海对邓石如、吴让之、赵之谦等诸家均有涉猎。更重要的是，他能够不囿于对风格形式的学习，特别领悟其他印家的创新理念，增强"印外求印"之本领，最终形成了兼具金石气与书卷气而浑厚古朴的印风。

"转益多师"和"穷源竟流"这两点可以说是沙老一生治学治艺之法的结晶，甚至是学书治印的金科玉律。这两种方法不仅仅适用于书法，同样也适合其他中华文化之传承。

二、时代书风的原创典范

原创作品是对既定参照物的怀疑与否定，是在刷新固有的经典界面之后呈现出破土而出的生命气息，是在展现某种被忽视的体验，并预设着新的可能性；原创是可经过、可停留、可发展的新的存在，是新的经典的原型，具有集体共识的社会价值。沙老在《书法史上的若干问题》的文末强调："新风格是在接受传统、继承传统的基础上，集体努力，自由发展，齐头并进，约定俗成，有意无意地创造出来，丢开传统，是不可能从空中掉下一个新风格来的。"[6]在《〈海岳名言〉注释》中他又谈道："熟悉诸家，吸取众长，融会贯通，乃成自己面目，这便是创新。"[7]可见，沙老于原创为我们指明的依旧是深耕传统、传承经典的道路。而沙老在《近三百年的书学》一文中曾总结道："学书的，死守着一块碑，天天临写，只求类似，而不知变通，结果，不是漆工，便是泥匠，有什么价值呢？"[8]显然，在沙老看来，一味地照碑帖临写，写得再像，若不变通，终将沦为字匠。这篇文章中，沙老还将其中的帖学分为了"在二王范围内求活动的"和"于二王以外另辟一条路径的"两部分，并将"颜字"单独划分出来论述。论"颜字"："他是无所不学的，他那副雄伟深厚的精神，全从汉碑得来，用笔方法，是把钟繇参入隶体中，换句话说，就是用隶书的方

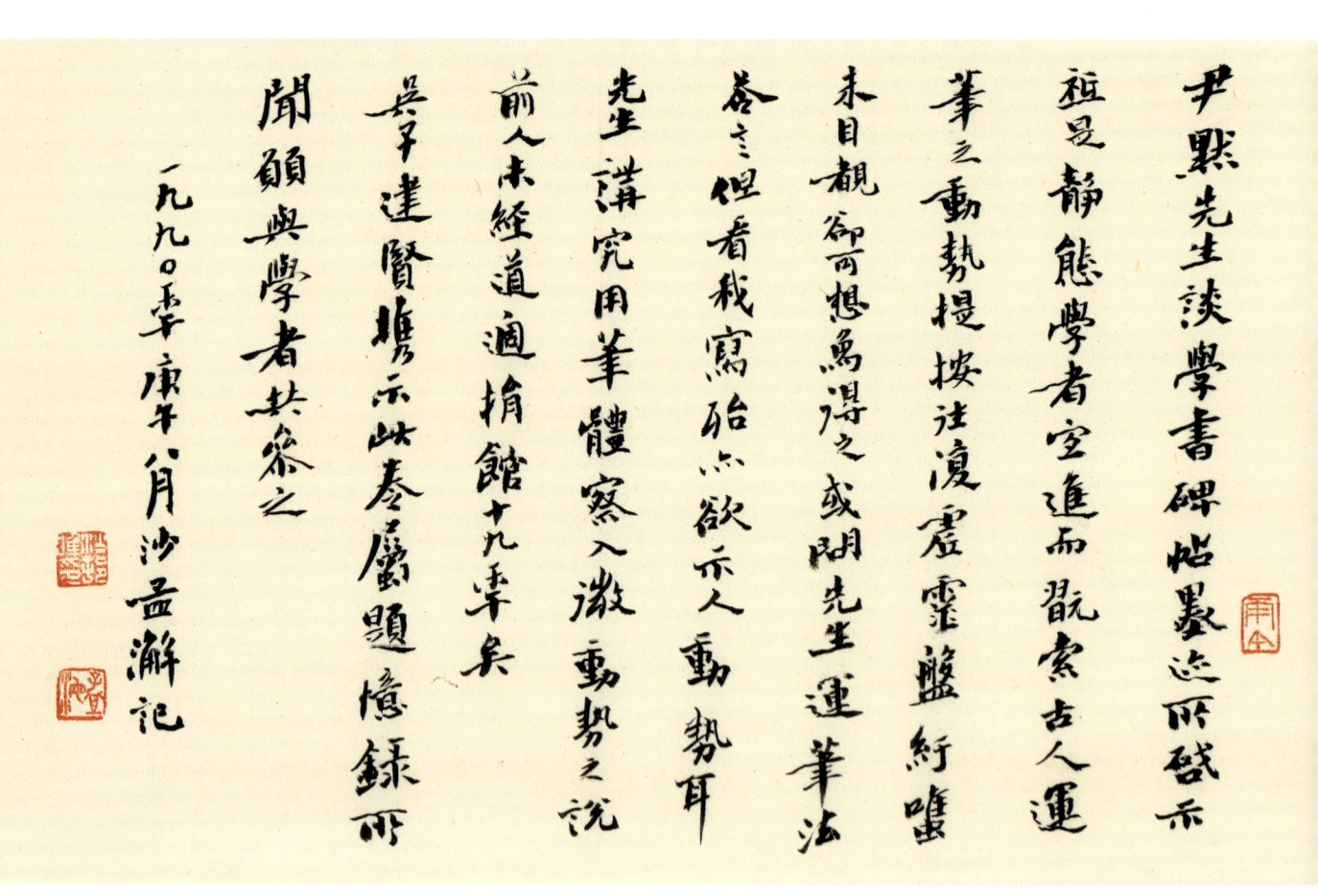

沙孟海行楷沈尹默遗墨跋，沙孟海书学院藏

法来写真书。他是兼有帖学碑学之长的——帖学和碑学，本没有截然的区别。"[9]这段话清晰地表达出沙老对颜真卿碑帖相融书风的认同与敬仰。沙老也亲身实践，走出了"二王"以外的另一条路径。

沙老在那个时代开拓出的路径中，他的榜书艺术可以说是其中又宽又长的一条，人们誉之"海内榜书，沙翁第一"。他所处的时代，一边是受尊碑抑帖思想影响的传统碑派，一边是以沈尹默为代表的重振"二王"一脉书风的帖学派。然而一味尊碑或崇帖，偏执在所难免，恰好碑帖各有长短，可以相互弥补。沙老将二者巧妙融合，打破碑帖界限，用碑来增加帖的厚重，用帖来化解碑的板滞，形成了凝重而又跌宕、正大不乏飘逸的榜书特色，与过去篆书、隶书、楷书等为主的正体大字区别开来。具体到细节，他从颜字外拓的字法和苏字重心下移的结体中取法，汲取了黄道周字法的侧势、倪元璐笔法的跳跃、王铎气势的张扬等，还将米芾"刷字"法运用于创作中。从现存沙老创作的珍贵影像资料中也可以看到，他书写时笔杆左右翻动，不仅是笔尖，有时还有笔肚、笔根充分摩擦纸面，触笔成势，采取这种有别于传统中锋用笔的思路，营造出了雄放捭阖的气势和特殊的金石气。

此外，在不少研究沙孟海的论文中讨论了沙老的章草艺术。因为章草上承篆隶，下启今草，本身就有碑帖融合的性质，沙老将其带入了行草书创作中，加强横向取势，使作品更为高古，又富有现代感。章草的融入，在"沙体"的形成过程中也起到了重要作用。诚然，想通过碑帖相融来出新，不是靠简单地把帖写得浓密粗壮，在碑中加连带就能解决的。哪两种字体可以相互融合，怎样从多种碑帖中取精华去糟粕，都需要超高的技巧和深厚的学识涵养来支撑。原创依靠的不仅是刻苦且广泛的练习，还要有胆识、有学识，背后还有个人性情和时代精神的影响。所以要说沙老作为原创的典范，最终还是要归结到沙老融会古今经典碑帖的方法的典范。"在古人好作品的基础上积累功夫，自然而然酿成自己的新风格。各人取径不同，面貌也不同，形成百花齐放。"[10] 我们要关注的不仅是他创造出的某种技法、某种形式，更应该学习的是他以何种方式、何种思想成为我们时代书风的原创典范。

三、现代书学的治学典范

沙老以学问立身，先文后艺，他的书法和篆刻更像是他学术成就所衍生出的副产物。博闻强识的他，在文学、考古学、文字学、金石学、书学、印学等多个学术领域都有卓越建树，此等能力是我们当代众多书家所不具备的。他的学术精神，足以成为我们现代书学的治学典范。

沙老对学术的重视，源于他对学问与艺术之间的关系有着清晰的认识。在沙老的《与刘江书》中，多次强调学问的重要性："一般书人，学好一种碑帖，也能站得住。作为专业书家，要求应更高些。就是除技法外必须有一门学问做基础，或是文学，或是哲理，或是史事传记，或是金石考古……当前书法界主张不一，无所折中，但如启功先生有学问基础，一致推崇，颠扑不破……"[11] 在沙老看来，学问是终身之事，作为专业书家，一定要有学术思想，把学问作为书法艺术的基础。在《九十感怀——在"恭祝沙孟海教授九十华诞"祝寿会上的讲话》中，他说道："书法这门学问，依赖于文字，没有文字便没有书法。好比文字依赖于语言，工艺美术依赖于工艺，建筑美术依赖于建筑工程一样。"[12] 可见沙老清晰地认识到汉字乃书法的创作之基，要把书法作为学问来看待。

沙老的学术精神带给我们的启示是要有开阔的学术视野，注重多学科的交叉学习。如文学上，沙孟海早年受冯君木影响，

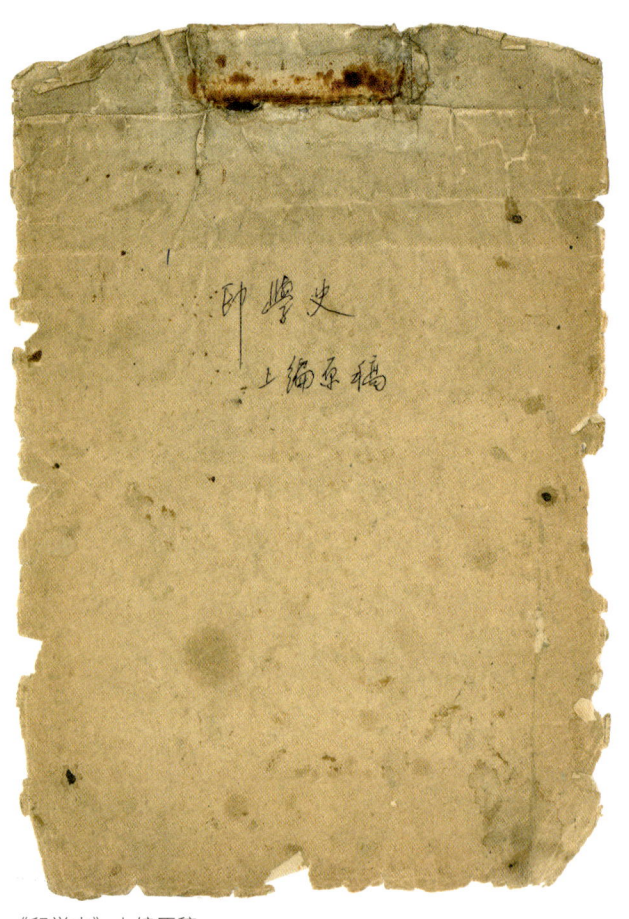

《印学史》上编原稿

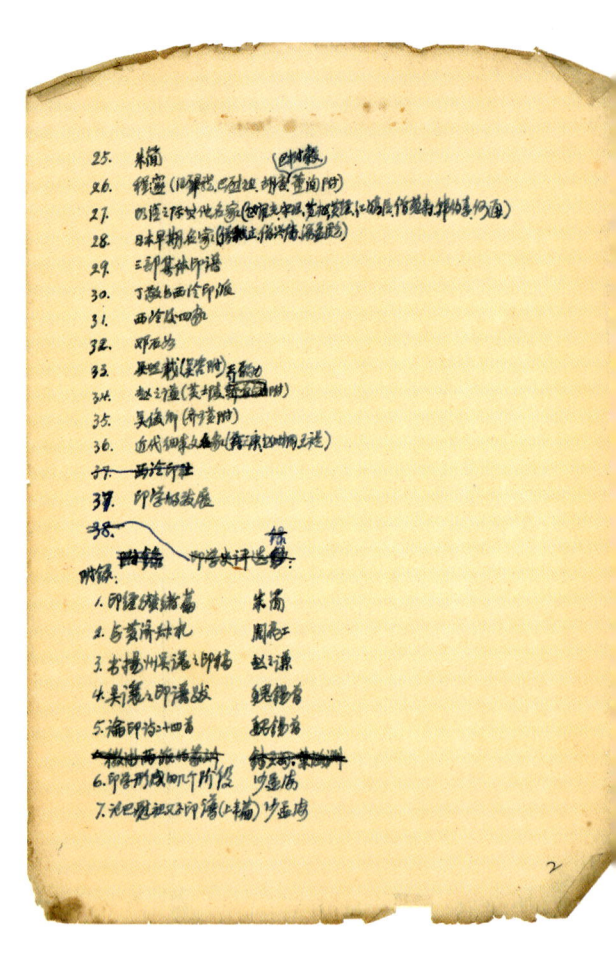

借径宋人，贯通汉唐，打下了坚实的古典文学基础。而随着新文化运动带来的新文学变革浪潮，他对此持包容接纳的态度，真切地阅读学习鲁迅、胡适等人的作品和思想，陆续接纳郭沫若等人的马克思主义史学观。印学研究上，沙孟海利用王国维在文字学史上倡导的"二重证据法"，对秦印制度、封泥与印色等问题进行新的论证。古玺创作上，沙老深厚的文字学、金石学功底帮助了他在"印外求印"的同时，保证了字法的可靠性与艺术性。此外他还能将甲骨金文运用于书法的创作上。再如沙老在1981年撰写的《古代书法执笔初探》，正是得益于他对考古学的研究，从新发现的古代人物画中找到了执笔方式和古今坐具改变的证据。沙老博览融会的视野，当为我们后生的典范。我们不仅要广泛学习文字学、金石学、考古学等与书法篆刻息息相关的学科知识，也要像沙老那般有广阔的胸襟，尝试从诸如哲学、西方艺术甚至科学技术等过去不常涉及的学科中吸取养分。

视野开阔之外，沙老的学术态度更是严谨细致、精益求精，他的许多学术观点的提出都获益于此。无论是《中国书法史图录》《印学史》等书的撰写，还是对"颜书"的定位，"执笔法"的探讨，"写手与刻手论"的提出，都是从一件件文物、

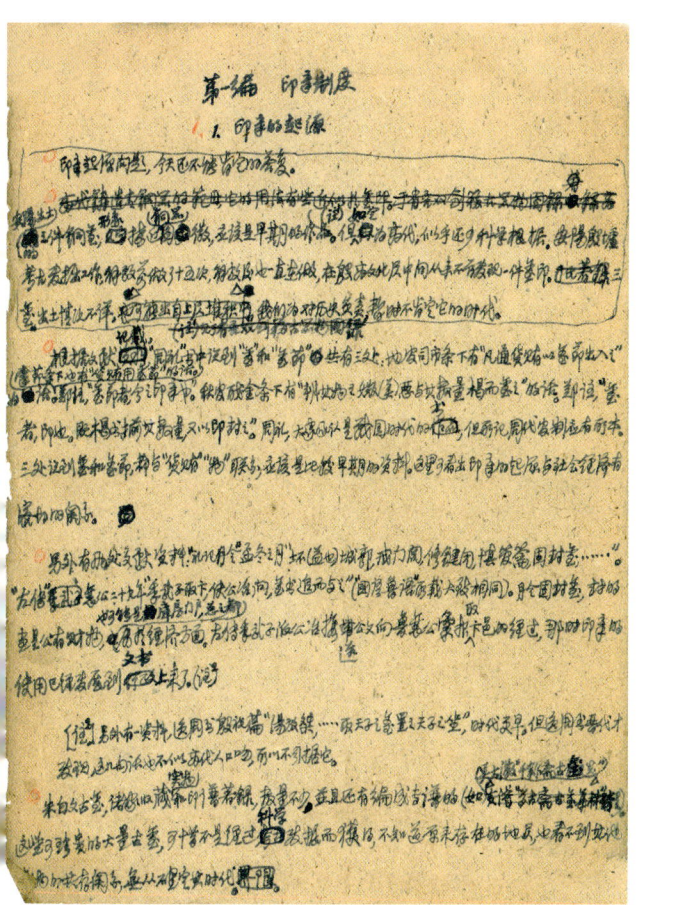

拓本、史料等出发展开论述的，并且对一观点论证的时间跨度长，追求不断完善。例如印学史上的断代问题，沙老在1928年时发表的《印学概论》中以宋元时期为基准，划分印章的发展历史为"创制时期"和"游艺时期"。[13] 即把文人治印之滥觞推至北宋时期，但断代较为初步。在1984年撰写完成的《印学史》中，再将印章起源限定在了商品开始频繁交换的时期以前，即印章在春秋时期已经广泛使用。[14] 印史的断代更为详细，但断代时间依旧模糊，因为当时没有出土实物证实商代有印章出现。书中写道："我们为对历史负责，暂不肯定它的时代。"[15] 漫长而又严谨的考证过程，

成就了沙老，也启示了我们。

沙老的另一治学典范是敢于质疑，理性思考。针对阮元的《北碑南帖论》和《南北书派论》，沙孟海曾在《碑与帖》中写道："北方书迹留传到今天的大多数是碑刻，我们没有看到他们的启牍，不能说他们不长于启牍。今天看到敦煌、吐鲁番等处发现的汉、晋人的启牍也不错。南方书家写的碑版，数量虽少，书体与北魏出入不大。"[16] 这段话清楚表达了不能轻率断定北方不善启牍，南方不善碑版。在碑学前辈大家的思想笼罩下，他依旧清晰洞察到了这一理论的问题所在。即使是沙孟海早年非常崇敬的康有为，对于他"凡碑皆

好"的理论，沙老依旧提出质疑，认为是"偏激之论，非公允之言"。沙老实事求是的态度，抗志希古的学术品格，值得我们学习。

四、高尚人格的素养典范

历朝历代都有论及人之性情与书法的关系。从沙老的书论、印论中可见，他也关注人的学养品格对艺术创作的影响。如他评倪元璐："他和黄道周同时，而且志同道合，很交好。明亡时，他们都殉国而死。他们平素为学，崇尚节概，严正之气，流露于行间字里，和赵孟頫、王铎一辈子，自然两样……说艺术是人性的流露，引他们三人做例子，再恰当不过了。"[17]又如他评吴昌硕："由于吴俊卿的气魄大，识度卓，学问好，功夫深，终于摆脱了寻行数墨的藩篱，创造了高浑苍劲的新风格。"[18]有这样的认识，沙老自然也是轨物范世。

沙老早年的治学经历并不一帆风顺，父亲在其十四岁时就早早去世，还未成年的他就要将家庭重担挑在身上。师范毕业后他把诸弟逐一接到外地读书，这给他带来了巨大的经济压力。在上海时期，沙老将其母亲、二弟媳和她女儿以及子女四人迁居到上海，全家十余口，负担更甚。[19]其间，沙老又是做私塾，又是鬻艺，又是从政，而他曾给自己的职业规划提出过"勿入商届、勿入仕途、勿处家馆"[20]的原则，可见其每条职业道路都是为谋生而妥协，充满无奈。尽管如此，那时的沙老并不以书画为业，重心依旧放在文史研究上，坚持了自己以学问立身的初心，才有了后来的累累硕果。这种艰苦卓绝、不忘初心的治学精神值得后辈学习。

沙老在1927年、1930年就分别撰写发表了《印学概论》《近三百年的书学》这样视角开阔而独特的文章。《兰沙馆日录》1930年9月29日云："近来认定为学之途径，以文字学为主，以吾性与相近故也。微俸所入，拟随时购备关于此类之书籍。无锡丁氏所撰《说文诂林》首须购得，然后旁及许慎以前字书，与夫许慎此后不见采于《诂林》之书（宋、元、明学书，什九未采入也），期以三数载阅读完竣。同时着手编著《中国文字学史》，五年之内当可勉强成书……"[21]可见沙老在早年就有谈古论今的气魄，还设立了近、中、远期的目标，一步步实现自己的理想。对自己的后辈，他也勉励道："各位研究学习，第一要虚心。我们几个人多少有一日之长，趁现在集处一堂，可以共同研讨，同学之间也各有短长，可以相互切磋。第二要有大志。常言道'抗志希古'（古是指古人的长处），各位不但要赶上老一辈，胜过老一辈，还要与古代名家争先后。"[22]而早已春华秋实、德高望重的沙老，对自己总结说道："我对书法平日懒于临习，一曝十寒，实践不够，所以成就不多。自全国形势大好以来，文艺得到了春天。我虽八十之年，还是壮心未已，正想与中年人一道继续学习，继续上进。"[23]虽身处不同时空，无法亲身聆听沙老教诲了，但他谦逊而又志存高远的精神，同样是我们书法人的典范。

五、文化自信的社会责任典范

艺术作为一种特殊的意识形态，是经济基础决定的上层建筑，但同时艺术也能反作用于经济基础和其他社会意识形态，并满足人们的审美需要。因此，作为艺术家，不能停留在孤芳自赏或闭门造车的阶段，不仅要用创作影响人们的精神面貌和思想感情，还要能够积极作用于社会生活。沙老正是这样一位深受老百姓喜爱又能承担起社会责任的艺术家。

正如"大雄宝殿""华联商厦""西湖第一名园""宝石山""问鹤亭""中山公园"……全国各大建筑、风景区、报刊图书、学校等等题名，甚至不用在现场，只说这些名称，人们的脑海中就能回想起沙老那一手端庄大气的书法。在保证书法专业性和艺术性的同时，能将书法艺术用于社会生活的方方面面，还易于普通民众的理解并受他们喜爱，这是沙老为我们做出的典范。

沙老对社会的贡献远远不止这些大众看到的擘窠大字，更重要的是他培养了一批又一批的优秀艺术家，并促进了中国传统文化走出国门。1963年，他与潘天寿、陆维钊等先生一道，出于振兴民族文化的使命感，纵使条件艰苦，毅然于浙江美术学院（今中国美术学院）创办了书法专业，把高等书法教育的学科建设往前推进了至关重要的一步，并于1979年开办了全国首个书法硕士研究生班，使我国高等书法教育又迈上了一个新台阶。其间，沙老与其他老一辈艺术家一起言传身教，并完善教学体系，推动弘扬了书法教育事业。在1991年浙江省政协会上，他又提交了《建议重视中小学习字教学提案》，为教育中小学生书写规范汉字提供了理论指导，进一步促进了书法在群众中的普及。

沙老在1979年当选西泠印社社长，1981年任中国书法家协会副主席。领导这些艺术社团期间，沙老进一步健全完善机构内部的管理机制，强调"学术基因"，包容并蓄，多次组织学术研讨、对外交流、展览、编辑出版等活动，为印社、书协培养了一大批年轻有为的中坚力量，奠定了书法篆刻艺术发展的人才基础，也为当代的艺术社团的管理和发展提供了宝贵经验。

沙老那一代的艺术家不仅推动了本土的书法教育发展与民族文化振兴，还广泛接收外国留学生，促进了书法艺术和传统文化在世界的传播。据《高等书法教育四十年》一书中的外国进修留学生名单，从招收第一个书法系留学生开始至20世纪90年代初，浙江美术学院招收了来自日本、英国、法国、德国、澳大利亚、新加坡、奥地利等国四十余名留学生。[24]不仅如此，在沙老任西泠印社社长期间，积极组织印社开展对外艺术交流和展览活动，范围逐步扩大到东亚。其中，单与日本同道的交流就多达十余次。[25]在当时"中日友好"的大背景下，也一定程度上促成了中日在文化交流层面的"蜜月期"。[26]沙老还提出"国际印学研究中心"的理念，在1983年就筹划举办了首届国际印学研讨会。习近平总书记强调："我们要坚持道路自信、理论自信、制度自信，最根本的还有一个文化自信。"[27]书法乃中华民族传统文化之瑰宝，沙老那一代的艺术家已经为我们把书法传播至海外打下了坚实基础，我们应当有足够的理由和信心将其弘扬光大。

沙老毕其一生，为我们留下了无尽的宝贵文化财富，同时也给我们当代书法人带来了诸多在学术研究和艺术创作上的启示，引导我们攀登下一座高峰。

一是把宽阔的视野和远大的志向相结合。书法表面上看是毛笔在纸面上的运动，背后则是一个书家学识涵养的集中体现。我们不能只停留在技法和形式的提高上，要把目光从一个碑帖放大到其他相关的碑帖上，从一位书家放大到他学的和学他的书家上，从一个字体放大到其他字体上，从一个朝代放大到历朝历代上，从书法专业放大到文学、文字学、考古学等多个学科上，从传统艺术放大到世界艺术上。想攀登高峰，心中自然要有高峰的位置，眼中自然要有高峰的形象。因此志当存高远，树立远大理想，不只为名利，以历史的经度和时代的纬度来审视自己的艺术创作，每一次的创作不仅是为了投一次稿或得一次奖，还要有继承前人和启发后人的志向与目标。

二是把厚积薄发的学习态度和精益求精的治学精神相结合。文化内涵的积淀不在一朝一夕，正是沙老前半生在文史领域精益求精地深耕，才有后来书法篆刻艺术上的厚积薄发。端正好自己的心态，每个人的天赋各有不同，无惧前期的落后，无论学问技法，都需要日积跬步。也要把学术研究摆到创作的重要位置上，学会用学术滋养艺术，学问积累起的量变自然会引起艺术成果的质变。对待出现的问题反复琢磨，沙老依靠数十载的学养沉淀撰成《中国书法史图录》《印学史》等著作，其间经历了无数次史料的搜集与考证，其中的每个问题和疑点都是反复推敲，细致入微，对于年已八旬的他可谓殚精竭虑。相比当时的沙老，现在的我们都可以说是在治艺的青壮年时期，对待创作研究更当一丝不苟、精益求精。

三是把宠辱不惊的豁达心境和敢于作为的品质相结合。沙老经历过青年时期为谋生的窘迫，也经历过"文化大革命"时期的困惑，但他从未停止过朝自己理想前进的步伐，即使后来功成名就，依旧虚心学习，不曾懈怠。面对古人、权威，凡是发觉有不足之处的，他都敢于提出，敢于挑战。如今我们身处更好的生活条件与创作环境中，理应更为乐观豁达，无需计较一时的得失。同时摒弃厚古薄今的思维定式，敢于实践，敢于创新，敢于和古人争高低。

四是把家国担当的民族情怀与播撒大爱的文化自信相结合。沙老一生不仅自己在学术和艺术领域登峰造极，同时也教书育人、保护文物、管理社团，培养了大批人才，即使耄耋之年，依旧走在弘扬传统文化的道路上。因此我们书法人不只是为了陶冶情操或者追名逐利，更要有振兴民族文化的担当与自信，以灼热的爱国情怀，将民族文化发扬光大。

原载：《大学书法》2020年第2期。

注 释：

[1] 沙孟海：《书学师承交游姓氏》，《沙孟海全集5·书学卷》，西泠印社出版社，2010年，第8—10页。

[2] 徐清：《沙孟海学术研究》，浙江古籍出版社，2014年，第38页。

[3][23] 沙孟海：《我的学书经历和体会》，《沙孟海全集5·书学卷》，西泠印社出版社，2010年，第6页、第7页。

[4][19] 沙茂世：《沙孟海年谱》，西泠印社出版社，2010年，第23页、第36—40页。

[5]《沙孟海全集10·日记卷2》，西泠印社出版社，2010年，第439页。

[6] 沙孟海：《书法史上的若干问题》，《沙孟海论艺丛稿》，上海书画出版社，1987年，第134页。

[7] 沙孟海：《〈海岳名言〉注释》，《沙孟海全集5·书学卷》，西泠印社出版社，2010年，第247页。

[8][9][17] 沙孟海：《近三百年的书学》，《沙孟海全集5·书学卷》，西泠印社出版社，2010年，第39页、第37页、第29页。

[10][12] 沙孟海：《九十感怀——在"恭祝沙孟海教授九十华诞"祝寿会上的讲话》，《沙孟海全集5·书学卷》，西泠印社出版社，2010年，第14页。

[11][22] 沙孟海：《与刘江书》，《沙孟海全集5·书学卷》，西泠印社出版社，2010年，第277页、第278页。

[13] 沙孟海：《印学概述》，《沙孟海全集6·印学卷》，西泠印社出版社，2010年，第157—169页。

[14][15][18] 沙孟海：《印学史》，西泠印社出版社，1985年，第4页、第3页、第168页。

[16] 沙孟海：《碑与帖》，《沙孟海全集5·书学卷》，西泠印社出版社，2010年，第80页。

[20]《沙孟海全集11·日记卷3》，西泠印社出版社，2010年，第1116页。

[21]《沙孟海全集12·日记卷4》，西泠印社出版社，2010年，第1339页。

[24] 祝遂之：《高等书法教育四十年》，中国美术学院出版社，2003年，第435—436页。

[25] 俞栋：《沙孟海先生任西泠印社社长期间的"治社理念"及其启示》，《书法赏评》2015年第3期，第23页。

[26] 王佩智：《西泠掌门人 幽兰满庭香——西泠印社六任社长印象》，《中国社会科学报》2011年6月20日第29版。

[27] 2014年两会期间，习近平主席在贵州代表团审议时说："我们要坚持道路自信、理论自信、制度自信，最根本的还有一个文化自信。"首次提出了文化自信是其他"三个自信"的根本。

隋代楷书研究的实践价值
—— 由沙孟海对相关研究引发的思考

沈 浩

沙孟海对隋代楷书的研究，既是书法史研究的重要依据，也对书法实践具有借鉴意义。他将文史积淀与艺术实践相结合，清晰划分了隋代楷书的风格类型；将研究回归书史源流，进行"穷源竟流"的梳理，揭示了隋代楷书的艺术价值，指引着"转益多师"的书法实践。这启发我们在书法实践中以学养书，把握传统的本质和规律，守正创新，借古开今。

书法艺术作为中国优秀的传统文化瑰宝，以文字为载体，文化为依托，文学为内容，艺术为表现，记录了华夏大地几千年悠久而灿烂的文明，寄托了中华儿女绵长而深远的情怀，展现了中华民族独特的审美意识和生生不息的创造精神。

时至今日，伴随着一次又一次的朝代更替，时代演进，中国书法应时应势、应事应人，书风绚烂纷呈。随着书法史、书法理论研究的不断展开和深化，传统赋予我们今天艺术实践可借鉴和吸收的元素越来越多。面对着古代传统取之不尽、用之不竭的资源，面对着西方艺术思潮的大量涌入，我们究竟如何自持，如何笃行？如何在守正中创新，在开拓中进取？

1980年6月，时任浙江美术学院首届书法硕士研究生导师之一的沙孟海在北京治病期间给刘江写了一封信，信的内容主要是关于对中国首届五位书法硕士研究生培养的问题，这便是现在书法界大都已熟知的《与刘江书》。此信言简意赅，以当时全国书展的座谈为语境，围绕着如何重视传统讲了五个方面的问题。一是关于文字基础，强调对小篆形体结构必须下切实的功夫。二是关于专业技法基础，强调对正楷功夫应加以重视。三是关于学问基础，强调除技法以外必须有一门学问做基础。四是关于阅读和查考古书的能力，强调重视目录学。五是关于为艺做学问的态度，强调"转益多师""抗志希古"。信中最后讲到"潘、陆二位先生创办这个专业，有远大的理想，可惜他们已不在人间。现在书法专业只我们一校，国家赋予的任务甚重，我们要特别珍重"[1]。沙孟海以深沉的历史责任感所写下的《与刘江书》，对于中国的高等书法教育而言是一件非常重要的历史文献，为当时刚刚呈星星之火之势的高等书法教育指明了方向。而于沙孟海自身而言，又何尝不是其一生为学、为艺的宗旨和经验。五个方面看似平实，实则高度凝练了中国传统书法的内涵和价值取向，勾勒了今天书法研究和创作的基本格局和框架。沙老以此身体力行，这在其诸多研究中都有所体现，其中对隋代楷书的研究便是一个很好的例子，不仅体现了书法史研究的价值，更在实践上提供了方法论的思考。沙孟海在《中国书法史图录》中这样写道："隋代只有短短三十七年，但这一时代的书法艺术，上承两晋南北朝因革发展诡奇百变的遗风，下开唐代逐步调整趋向规范化的新局，这一过渡期，是我国中世纪书法史上一个大关键，值得做一番综合性的分析研究。"[2] 他以上承下开展开的综合分析充分体现了隋代楷书作

沙孟海楷书毛主席词二首
沙孟海书学院藏

为连接魏晋和唐代楷书的纽带作用。

在中国书法的历史长河中，隋代确是一个关键时期。对于隋代楷书的研究，宋代欧阳修、蔡襄、米芾、朱长文、赵明诚等人就开始对书家、书作有所关注。欧阳修《六一题跋》即有关于隋碑题跋十二则。如其在跋丁道护《启法寺碑》中既记载了蔡襄对此碑的看法："此书兼后魏遗法，与杨家本微异。隋唐之交，善书者众皆出一法，道护所得最多。杨本开皇六年，去此十七年，书当益老亦稍纵也。甲辰治平初月十日，莆阳蔡襄记。"[3] 又提出："予所集录开皇、仁寿、大业时碑颇多，其笔画率皆精劲而往往不著名氏。每持卷惘然为之叹息，惟道护能自著之，然碑刻在者尤少，予家集录千卷止有此耳。有太学官杨褒者喜收书画，独得其所书《兴国寺碑》，是梁正明中人所藏，君谟所谓杨家本者是也。"[4] 米芾《海岳名言》对智永、丁道护皆有论及："字之八面，唯尚真楷见之，大小各自有分。智永有八面，已少钟法。丁道护、欧、虞笔始匀，古法亡矣。"[5] 又："智永临集千文。秀润圆劲，八面具备，有真迹。"[6] 而赵明诚在《金石录》中也收录了隋开皇、仁寿、大业年间的碑、墓志、造像记七十余件，其中大部分为楷书，也有部分虞世南、欧阳询的书法，后世则常常归于唐代。

隋代书法被学者、书家广泛关注且评述主要还在清代。清代金石学、考据学兴盛，金石学家们纷纷在论著中对隋代书法做出了著录和评价，顾炎武《金石文字记》、王澍《虚舟题跋》、王昶《金石萃编》、叶昌炽《语石》、刘熙载《艺概》、康有为《广艺舟双楫》等皆为其中代表。金石学家们对隋碑的论述更着力于其物理属性、文化属性，从历史、文字、文献、考古的角度继承传统之见而发己意。例如，顾炎武《金石文字记》中论《龙藏寺碑》，记录了碑的地理位置、形制、大小、高度、述立碑者、撰文者，考文字，究文意，发其感慨："今人之不及古者，又岂独书法之陋文字之讹而已哉？"[7]此般论述方式实为当时金石学家学术研究的一类典型，其中涉及书法艺术价值者鲜矣。随着清代碑学的不断发展和深入，清代书家对隋代楷书于书法史的价值认识也越来越深刻，立足社会发展，文化驱动，艺术推演的评价思路不断清晰。王澍《虚舟题跋》评《龙藏寺碑》时这样写道："书法遒劲无六朝俭陋习气，盖天将开唐室文明之治，故其风气渐归于正。欧阳公谓有欧、虞之体，此实通达时变之言，非止书法小道已也。"[8]他甚至将碑文之错讹，也归咎为六朝荒乱之余。其后，叶昌炽在《语石》中的相关论述更有发展。而有清一代论隋代书法之艺术最有见地者当属康有为。康有为《广艺舟双楫》"备魏""取隋""卑唐"则以历史的纵向思维在艺术观方面提出了鲜明的取舍，虽然综合康有为的言行和主张，发现其政治观裹挟艺术观不免偏激，但个中论述却实为鞭辟入里。"隋碑内承周、齐峻整之绪，外收梁、陈绵丽之风，故简要清通，汇成一局，淳朴未除，精能不露。"[9]"隋碑风神疏朗，体格峻整，大开唐风。"[10]"今人难免干禄，唐碑未能弃也，而浅薄漓古甚矣。莫如则择隋书之近唐而古意未尽漓者取之。"[11]"清通""淳朴""内承、外收、下开"，康有为对隋碑艺术特色的概括可谓切中要害，而隋碑的"古意未尽"则是其"取隋"的主要理由。对于《龙藏寺碑》的评价，康有为以"古今之变者"誉之，他认为《龙藏》安静浑穆，风度端凝，统合分隶，将《吊比干文》《郑文公》《敬使君》等荟萃为一，集成六朝，隋碑第一，而唐代虞世南、褚遂良、薛稷等皆传其遗法。这样的评价方式充分展现了隋碑在书法史上承上启下的作用，康有为在文中还列举了一系列类似的例子，以展现魏、隋、唐楷书在风格上的关联。后世书家以宏阔而系统的发展史观来关注书法，对书法实践所产生的指导作用愈来愈明晰，而隋代短短三十八年的书法史价值也在其中得到更加充分的体现。

20世纪对隋代楷书研究最具引领性的莫过于沙孟海。作为20世纪中国书坛最具代表性的书家、学者、教育家，沙孟海深谙语言文字、文史、考古诸学，在创作、研究和教育的各个领域中他以"通达"来展现书法作为一门学科的学理性。据沙孟海自述，著名历史学家顾颉刚在撰写《当代中国史学》时发现20世纪上半叶关于书法史的系统研究著述极少，沙孟海二十九岁时撰写的《近三百年的书学》可谓当时屈指可数的代表。为此，顾颉刚便在1947年一次与沙孟海同行出差时怂恿其撰写书法全史，由此促成了1985年上海人民美术出版社《中国书法史图录》的付梓。可见，系统性是沙孟海治学的重要特点。在《中国书法史图录》中他收录了隋碑图版典型者二十九帧，涵括法帖、碑刻、墓志、造像、写经。沙孟海对隋代书法的总结虽然篇幅并不长，但凸显了系统性和综合性。他从风格上将隋代楷书归纳为四种主要面貌：一、平正和美一路；二、峻严方饬一路；三、浑厚圆劲一路；四、秀朗细挺一路。从形质上将之分为"斜画紧结""平画宽结"两种类型。在文字上则关注参杂多体的现象。这些研究成果为后来的学者在书法史研究中所广泛引用，但对于书法实践者而言，却并未加以充分的重视。因而我们可以从实践方法论的角度对其隋代楷书研究的特点和价值加以分析，并从中获得启迪。

"以学养书"体用合一

在书法创作领域中，楷书一直被作为实践的基础，往往是初学或临摹的对象，稍有成就的书者便将之束之高阁，创作时少有涉及。这样的现象20世纪七八十年代有之，如今依旧存在。沙孟海在《与刘江书》中便是针对80年代初全国书法展正楷极少的现象，而提出应对正楷功夫加以重视。他建议就魏晋南北朝隋唐典型作品一二种经常临摹，并指出了关注传世作品中刻手优劣的相关问题。旋即他又提出"一般书人，学好一种碑帖，也能站得住。作为专业书家，要求应更高些。就是除技法外必须有一门学问做基础，或是文学，或是哲理，或是史事传记，或是金石考古……"[12]如此"以学养书"，并非只是技能和知识的具备，而是实践与理论的互通和相辅相成，是治学与创艺在观念和方法上的相通，以理论研究培养思考能力、引导实践，以实践检验理论研究的成果，是为专业书法实践的方法论。

沙孟海曾在《清代书法概说》中以自身学习经历举了一个很好的例子，他讲到十七八岁时读康有为的《广艺舟双楫》，相信其中言论，便遵照《学叙篇》的启示学书，从《龙门造像》入手，但发现其中横画收笔，多是一刀切齐，毛笔就写不出来，从而引发了他对刻手问题的思考和研究。文中他还对康有为及《广艺舟双楫》提出己见，他认为康有为"面临新事物，产生激情，矫枉过正，主张太过"，康对碑与帖的认识缺乏公允，但其领先宣传启迪之功应该肯定，一些偏激的论点受时代的局限，具体问题应该具体分析。[13]此例充分展现了沙孟海作为一个学者和书家在理论与实践上的专业素养和专业态度。而他对隋代楷书四路风格面貌的概括则是对康有为所持观点的继承和发展，也是其几十年耕耘砚田的经验之说。他关注文字源流及

水满陂塘谷满篝,稆移蔬果几
多歧神林处处傅箫鼓共赛元丰
第一秋随意紫荆手自开沿冈度
堑复登台小桥风露扁舟月迷
鸟罥雌竞注来露积山禾百种
收渔梁出自富虾鳅鱼羊说梦
非真事岂见元丰第二秋湖海元
丰岁又登旅生犹足暗淙腾家露
积如山龥黄发咨嗟见未曾

沙孟海楷书王安石册页,私人藏

余平昔不憚治印留稿必僅雖復自有胸襞而未逮手蒙所就殆無全稱七十以後病臂不任塗畫秀而不實每愧虛名今甄錄早歲朱墨搨本起一九二四年甲子訖一九三二年戊十二年間所作二六八事次為初編又甄錄近平集搨起一九三三平癸酉訖一九四四年甲申三十二年間所作五十三事次為續編自存觀省非以問世一九五六年嘗應徵以譜齎日本展覽歸後其主辦者紬取若干葉幷索吳先生乙丑題詩墨跡留置未反諸印今既搨補乙丑題詩惟用景印本弁首初編著干印尚有墨親者則吳先生閒時手識也

舊作蘭沙館印式自記錄奉
濟英同志鑒教 孟海

现象、关注艺术风格因革，关注史实及文化影响，将隋代楷书承上启下的艺术价值清晰、准确地落实在魏晋南北朝以及隋、唐的典型书法作品上，这不仅仅是史学意义上的史料对应，更是艺术实践中于时代气息、个人风格的对接，是一个学者的逻辑推演和理性归纳，更是一个书家心手相应的体悟和心得。

"穷源竟流"本立道生

四十年过去了，如今随着书法事业的繁荣，爱好、参与人数的增加，全国书法展上楷书确实比以往要多见，这与书协引导、展览驱动、专业教育不无关系。就入展作品的总体来看，一直以取法"魏碑"者居多，但是作品往往面貌千篇一律，或者是名为追古实则流于时风，或者是泥古而少有化用，传统所给予我们的创造资源远未被充分利用。因而，今天我们再一次提出沙孟海对隋代楷书的研究，其意义并不仅仅在于提醒学书者在取法魏碑、唐楷的同时，还可关注和学习隋碑，而更在于通过对隋碑的关注和研究去引发对中国书法内在发展规律的探寻与对如何借古开今的思考。

沙孟海在学术研究和创作上十分强调"穷源竟流"，他在《我的学书经历和体会》中讲道："什么叫穷源？要看出这一碑帖体势从哪里出来，作者用什么方法学习古人，吸收精华？什么叫竟流？要找寻这一碑帖给予后来的影响如何？哪一家继承得最好？"[14]沙孟海对于隋代楷书的风格研究便是按这样的理路展开的，于是有了"第一、平正和美一路。从二王出来，以智永、丁道护为代表，下开虞世南、殷令名。第二、峻严方饬一路。从北魏出来，以《董美人》《苏慈》为代表，下开欧阳询父子。第三、浑厚圆劲一路。从北齐《泰山金刚经》《文殊经碑》《隽敬碑阴》出来，以《曹植庙碑》《章仇禹生造像》为代表，下开颜真卿。第四、秀朗细挺一路。结法也从北齐出来，由于运笔细挺，另成一种境界，以《龙藏寺》为代表，下开褚遂良、二薛"[15]。从表面看这是论书法本体的问题，呈现诸帖间的相互关系，实则是一个更为宏阔的学术视野。从中国书法史的发展来看，隋代书法恰好处在这样一个承上启下的阶段，也因此形成了时代风格。而一个时代的风格恰是由百家争鸣、百花齐放的集成和淘沙形成的，所以时代风格的形成中贯穿着承袭、酝酿、萌生和发展各个阶段，个体风格的形成也同样如此，这是事物发展的普遍规律。沙孟海经常举颜真卿书法的例子来阐明其中的道理。他曾言："各种文艺风格的形成，各有所因。唐人讲究字样学，颜氏是齐鲁旧族，接连几代专研古文字学与书法，看颜真卿晚年书势，很明显出自汉隶，在北齐碑、隋碑中间一直有这一体系，如《泰山金刚经》《文殊般若碑》《曹植庙碑》，皆与颜字有密切关系。颜真卿书法是综合

王国维先生墓碑记

先生名国维字伯隅又字静安号观堂别署永观一八七七年一月廿九日生於浙江海宁盐官镇父乃誉公课以时文制艺年十一即洛诵成诵稍长从同乡陈寿田先生学骈散文及古今体诗十六入州学甲午战败士子辟然始知有所谓新学者时钱塘江康年创时务报於上海招上虞许家惺先生自代先生求知心切以半日事校雠午後即至东文学社学日文英文德文日籍教师藤田丰八田冈佐代治处其勤学夜言校雠午後即至东文学社学日文英文德文日籍教师藤田豊八田冈佐代治处其勤学夜言注为一九零一年游学日本画习英文未期年以病归著红楼梦评论刊本华与尼采哥德文间以填词自遣如是者二三年渐觉西欧拍学大都可爱者不可信可信者不可爱於是时我国地下文化遗物时有发现若殷阳之卜辞文字之间以潜心戏曲以我国文学之不振者莫戏曲若家元刊於国粹学报并揭其文学观点於人间词话先生虽已文名籍甚仍自视其理不足为拓学家而感情又不能为文学家是时我国地下文化遗物时有发现若殷阳之卜辞文字之间以商周彝器因殡山铁路之兴零星暴露於山崖水隈者无岁无之其於学术价值难合全世界学者之智慧尚未阐甘肃新疆之汉代简牍敦煌千佛洞之六朝唐人写本古书新疆境内兄弟民族之古代遗文实世所罕有而碑文墓志及丰上虞罗振玉不忍听其存灭慨然以整理新获之甲骨之尖料为己任匠心独运创获良多一九二一年变聘为清华大学研究院教授尝谓吾辈生於今日幸得地下之新材料辅助纸上之旧材料以证明古书之某部分全万实录即百家自不雅驯之言亦可探索其一面之事实此二重证据法惟在今日始得为之又言道咸以後国势不振学术浙之变华自不待言惜袭瑶人魂默深之言情浮於理不足服人耳殁思以海外学者研究之成果治金元三史以治经史之法治四裔地理康乾前修感迪後学诒知一九二七年六月二日竟自投颐和园鱼藻斩前之昆明湖以终年仅五十拒人莫之生要莫之生莞志业未竟我呜呼哀哉八月十四日卜葬於清华园东二里西柳村七间房之原遗命也先生要莫氏生女一九二八年难振其利其后水经注元朝秘史家吉源流等校子潜明高明贞明继室潘氏生子纪明莲明通明贻生女东朗松明逾四十三种一百零四卷而水经注元朝秘史家吉源流等校遗书四集越六年门人赵万里集辑编为王静安先生遗书四十三种一百零四卷而水经注元朝秘史家吉源流等校云葵志业未竟我呜呼哀哉八月十四日卜葬於清华园东二里西柳村七间房之原遗命也先生云葵志业未竟我呜呼哀哉
子潜明萬明貞明繼室潘氏生子紀明蓮明通明貽生女東朗松明蓮明通十三届研究生共五十余人爱先生专业指导者有赵萬里揚筠如徐中舒劉盼不尚未寅疾定稿者不與为清华大学一二届研究生共五十余人爱先生专业指导者有赵萬里揚筠如徐中舒劉盼不注尚未寅疾定稿者不與为清华大学一二届研究生共五十余人爱先生专业指导者有赵萬里揚筠如徐中舒劉盼不逸余永梁高亨何士骥黄淬伯赵邦彦姜寅清朱芳圃戴家祥等而先生治学之规矩法度足以垂范後学者固无所不在此一九六零年一月清华大学迁其棺於福田公墓一九八五年八月树碑誌之俾国内外学者有所仰止焉

受业永嘉戴家祥拜撰

後学鄞县沙孟海拜书

五百年来雄浑刚健一派之大成，所以独步一时，决不是空中掉下来的。"[16]沙孟海坦言自己正是用这样的方法对待历代书法和学习历代书法的。

因此，基于这样的理路，我们研究一个时代的书法，师法一个书家的作品，学习各个碑帖，观察的是以风格为基础的内在体势的关联和发展，寻求的是"常"与"变"的关系，体悟的是入古出新的境界和方法，追求的是内在的化用和融通。正所谓本立而道生。

"转益多师"博取约守

纵观书法史，传统书家中有基本专主一家，在似与不似的师古中渐立面貌的，但更多则是在师古追今、博取约守中而自成一格的。古人通常认为决定书者能否在书法上取得成功的因素主要有三，一是天赋，二是识见，三则是勤奋。其中识见是构建学书者博取内涵的主要因素。古人受客观条件的制约，获得识见的资源远不如今人，机缘的因素占相当比重，其"博取"也往往是非系统、缺乏逻辑性的，所以古人通常以一生的内修来获得顿悟，寻求庄周梦蝶的化机，最终实现人书俱老。沙孟海在谈他的学书经历和体会时也谈到了他的博取，即"转益多师"。从少年时在帖与碑中"彷徨寻索"，到师从钱太希，再到青年时追慕沈曾植，请教吴昌硕、康有为，师从冯君木等，他在不断的访谒求教和自悟中，广涉碑与帖，对篆隶楷行草诸体用功，熔古铸今，约守自化，形成了其古拙朴茂、雄浑博大的独特艺术风格，而其中他对北碑和颜真卿楷书的感悟与涉猎具有非常重要的作用。

清代杨守敬《学书迩言》中有云："宋、元以下，行草或能自立面目，而楷书之风格替矣。"[17]对于一个书家而言，楷书创作立风格较难，这样的困惑古人有之，今人更甚，这也是如今一直以来各类书法展上楷书较少，行草居多的主要原因。清人王澍《论书剩语》中有言："魏晋人书，一正一偏，纵横变化，了乏蹊径。唐人敛入规矩，始有门法可寻。魏晋风流，一变尽矣！然学魏晋，正须从唐入，乃有门户。"[18]此传统观点成为很多学书者的路径，但如果片面理解就容易使唐楷仅仅成为学习魏晋书法的基础。当下，人们学习书法则常以这样的模式展开，以唐楷入门，而追求个性则取法魏碑，这或许是书法展中少见唐楷的原因。殊不知，王澍还有一段话："晋唐小楷，经宋元来，千临百模，不唯妙处全无，并其形状亦失。惟唐人碑刻，虽经剥蚀，而其存者去真迹仅隔一纸，犹可见古人妙处。从此学之，上可追踪魏晋，下亦不失宋元。"[19]此番论述更为客观并具有实践性，只言片语中蕴含着从晋唐到宋元的历史跨度，读懂所谓"妙处"的深度，揭示"上可追踪，下亦不失"的理路，也提示了学书的路径。所以，对于学书者而言就不只是到底是应该学唐还是学魏晋的简单问题了。魏晋以降，各个朝代的书法时代特征鲜明，各有所重，书法史的研究为习书者梳通了中国书法的发展脉络，拓展了实践的空间。中国传统艺术的传习皆强调师古、师造化，但无论是师古还是师造化皆为"中得心源"，强调的是内心的感悟。因而，师古便不仅仅是传技法、得风格的问题，而是感受力、表现力和创造力的培养和提升。从"会"到"懂"，从"法"及"道"，只有通过"转益多师""博采众长"方能在约守中实现融会贯通，进而"书通则变"创造独立的风格。

那么，在书法已成为一门学科的今天，究竟如何"转益多师"？沙孟海对隋代楷书的研究便可给予我们一些启示。今人习书当然也可以凭个人喜好博采众长，未必不成功。但是从教育的角度，尤其针对专业书法教学，今天历史的赠予，人文研究的贡献，科技创造的可能，赋予了"转益多师"更多的学理性。沙孟海在隋代楷书研究中的理性梳理、逻辑分析，既是一种研究的框架，又是一个实践的范式。对书体源流、技法演进、风格因革作"穷源竟流"的梳理分析，为实践的"转益多师"提供一个纵向、横向，系统化、体系化的资源。"转益多师"既可在循序渐进，上追下溯中求同存异，观察和体悟其中的神龙妙化，如从《董美人》《苏孝慈》入，上追北魏方饬一路《张猛龙》《元桢》等，下溯欧阳询父子；也可在差异类比中务本求道，体会时代气息积累书写感受，如取《启法寺》《董美人》《龙藏寺》《曹植庙》等。诚如刘熙载《艺概》所言："与天为徒，与古为徒，皆学书者所有事也。天，当观于其章；古，当观于其变。"[20] 学书者可在师古观变化中提高眼力，在"穷源竟流""转益多师"的实践中提升驾驭笔的能力，而最终会通于心，归于"坐忘"，所谓"堕肢体，黜聪明，离形去知，同于大通"[21]。"法本无法，贵乎会通。"[22]

随着社会的发展，文化的繁荣，我们所要面临的文化艺术环境比古人要复杂得多。传统给予我们丰厚的积累，善用者传统是取之不尽的财富，而不善用者传统即成为沉重的包袱。今天，我们学习书法，实物范本的积累越来越多，思路越来越活跃，同时受到的干扰也越来越大。沙孟海对隋代楷书的研究，在"法"与"道"，"会"与"懂"之间构筑起了书法作为学科的"学理"逻辑，旨在借鉴名迹，深究书体源流，体悟艺术因革，熔铸古今，以求推陈出新、自成面貌。对于我们而言它是一种思考传统和取法传统的方法，提醒我们如何不再以简单的"拿来主义"来照搬历史，如何从纷乱复杂的传统中提炼其中的本质和规律，感悟时代的气息，把握时代审美和时代精神，避免流于表面和浅薄，以一种专业的态度，与古为徒，借古开今。

原载：《西泠艺丛》2021年第4期。

注 释:

[1][12] 沙孟海:《与刘江书》,《沙孟海论书文集》,上海书画出版社,1997 年,第 573—576 页。

[2] 沙孟海:《中国书法史图录》(第二卷),上海人民美术出版社,2000 年,第 3 页。

[3]〔宋〕欧阳修:《六一题跋》,卢辅圣:《中国书画全书》(第一册),上海书画出版社,1993 年,第 542 页。

[4] 同上。

[5][6]〔宋〕米芾:《海岳名言》,卢辅圣:《中国书画全书》(第一册),上海书画出版社,1993 年,第 976 页、第 977 页。

[7]〔清〕顾炎武:《金石文字记》,《顾炎武全集》(五),上海古籍出版社,2011 年,第 267 页。

[8]〔清〕王澍:《虚舟题跋》,卢辅圣:《中国书画全书》(第八册),上海书画出版社,1993 年,第 801 页。

[9][10][11]〔清〕康有为:《广艺舟双楫》,《历代书法论文选》,上海书画出版社,1979 年,第 809 页、第 810 页、第 810 页。

[13] 朱关田:《沙孟海论艺》,上海书画出版社,2010 年,第 126 页。

[14][16] 沙孟海:《我的学书经历和体会》,《沙孟海论书文集》,上海书画出版社,1997 年,第 610 页、第 611 页。

[15] 沙孟海:《中国书法史图录》(第二卷),上海人民美术出版社,2000 年,第 3 页。

[17]〔清〕杨守敬:《学书迩言》,崔尔平:《历代书法论文选续编》,上海书画出版社,1993 年,第 713 页。

[18][19]〔清〕王澍:《论书剩语》,崔尔平:《明清书法论文选》,上海书店,1994 年,第 604 页、第 603 页。

[20]〔清〕刘熙载:《艺概》,《历代书法论文选》,上海书画出版社,1979 年,第 682 页。

[21]〔清〕郭庆藩:《庄子集释》,中华书局,1961 年,第 285 页。

[22]〔唐〕张怀瓘:《六体书论》,《历代书法论文选》,上海书画出版社,1979 年,第 212 页。

> 学术篇

沙孟海对现代书法教育的思考与探索
—— 以沙孟海致亲友书札为讨论中心

方 波

沙孟海对现代书法教育的思考与实践，在其致亲友的书信中多有涉及。本文以这些书信为中心进行梳理和分析，从一个侧面勾画出沙孟海当年对学院书法专业教学和社会书法教育所做的思考与探索，以期能更准确、更深入地阐发沙孟海书法教育思想的内涵。

沙孟海是中国现代书法教育的先驱者之一，为现代书法教育事业做出了巨大贡献。20世纪60年代，沙孟海参与了浙江美术学院书法专业的创办；1980年，又接替陆维钊主持了浙江美术学院第一届书法研究生的培养工作。首届书法研究生的招生和培养与20世纪60年代招收书法专业本科生一样，都是书法教育的拓荒之举。现代教育体系下的书法专业体系该如何建立、教学该如何实施，并没有现成的经验可以参考和借鉴，一切都需靠自己去探索、去实践。沙孟海对书法研究生的教学工作殚精竭虑，多方探索、尝试，最终取得了令世人瞩目的教学成果，首届书法研究生朱关田、王冬龄、邱振中、祝遂之、陈振濂成长为当代书坛的中坚力量，被誉为"一枝五叶"。

对沙孟海的书法教育思想，当代学者多有研究，成果颇多。沙孟海对现代书法教育的思考与实践，在其致亲友的书信中多有涉及，在现代书法教育史上有重要文献价值的《与刘江书》即是沙孟海在北京治病期间写给刘江的书信。本文以这些书信为中心进行梳理和分析，从一个侧面勾画出沙孟海当年对学院书法专业教学和社会书法教育所作的思考和探索，以期能更准确、更深入地阐发沙孟海书法教育思想的内涵。

一

1980年6月，沙孟海因病赴北京治疗，但他仍牵挂着杭州的书法研究生们的教学，在等待病床住院的前夕，于6月15日给在杭州具体负责研究生教学工作的刘江写了一封信，阐述了他对书法教学的看法、安排和对研究生们的期望，这就是著名的《与刘江书》。

沙孟海当年寄给刘江的信札是以硬笔书写的，此信原件在后来的文献整理、记录过程中佚失，幸有复印件留存。后来，沙孟海又重新以毛笔抄写了一通。但不知因何原因，此通沙孟海以毛笔二次抄写的《与刘江书》仅有起首两页保存下来，从篇幅看后面应该还有三页，今已不知所终。2020年11月底在中国美术馆举办的"碧血丹心——纪念沙孟海诞辰一百二十周年：沙孟海书法篆刻艺术大展暨学术文献展"中展出的即是沙孟海后来用毛笔重新抄写的《与刘江书》起首两页，并非1980年6月15日写作、寄给刘江信件的原件，这是需要说明的。

1963年，书法专业刚创办时，潘天寿、陆维钊等虽然主持制定了书法专业教学大纲，但因当时的环境和条件，教学的实施受到很多限制和干扰。1979年，第一届书法研究生招收进校，陆维钊曾草拟了教学纲要，并将纲要粗分为九个部分、六十个问题。不过，陆维钊认为此纲要尚需完善，并未公开。1980年，受陆维钊临终委托，沙孟海开始主持首届书法研究生的培养工作。首届书法研究生培养时间只有两年，教育层次、学生状况与当年开设本科书法教育时已有很大不同。如何在两年时间内实现培养目标，解决研究生们在技法、知识结构和研究能力等方面的问题，沙孟海有诸多思考。

在写作《与刘江书》之前，1979年12月20日，沙孟海曾致信刘江，商议学生课程安排问题。他在信中说：

> 昨谈课程事，继思同学们喜爱多立课目，鄙意除书法史外，可加列文字学初基及书论选讲两门，高见以为如何？事实上我一直叫他们篆古代诗歌，随时带讲篆体构造原则，已涉文字学范围，将来拟为他们讲《说文解字叙》，进入较有系统的学习。书论一门，听到你的话，新加上去的。[1]

此时沙孟海主要考虑的是自己所承担的课程的安排，信中所言透露出对文字构造和文字学的重视。而到接受陆维钊临终委托、主持首届书法研究生的培养工作后，所思考的就不再仅仅只是具体课程的设置，而是专业教学的基本思路、原则和学生的知识体系的建立了。1980年6月15日写作的《与刘江书》正是沙孟海对现代书法教育思考的集中体现。他所思考的问题主要集中在下面几个方面：对小篆、正楷基础的重视、对经典的重视、对学问的重要性的强调、对阅读、研究能力的培养以及对研究生们提出了虚心求学、抗志希古的希望和要求。

沙孟海强调"书法篆刻应重视传统"，提出"我们学习，主要应抓小篆。对小篆的形体结构，必须加一番切实功夫，及早打好基础"[2]。沙孟海所言基础，一是小篆、二是正楷。

对魏晋南北朝、隋唐时期的楷书，沙孟海在教学上并没有偏向，而是认为均可选择典型作品经常临习，但他又强调，所选择的临习作品必须是典型作品，"所谓典型作品，应将刻手不佳的碑版除外。刻手不佳的碑版非无可以取法之处，但只供参考，不作为正式临习对象"[3]。不过，他也并没有因此而将刻手不佳的碑版弃置一边，而是提出"只供参考，不作为正式临习对象"的原则。沙孟海所言意味着在书写基础的构筑方面，建立了以典型作品为中心、以刻手虽不佳但却能营造出各种趣味和风格的碑版为辅助参考的模式。

沙孟海反复强调作为专业书家，不能只知技法，而应该"除技法外必须有一门学问做基础，或是文学，或是哲理，或是史事传记，或是金石考古"[4]，对专业书家的知识结构提出了要求。这种要求，显示出沙孟海书法教育思想中的综合意识和学科意识。虽然是书法专业教学，但他并没有将书法从中国传统文化中割裂开来，而是强调以传统文化作为书法的基础，一般书法爱好者可只关注书写技法，但专业书家则需有学问做基础。文学、哲理、史事传记、金石考古等等，是具体的学问内容和方向，每一种方向均内涵丰富，各自构成严密的学科、知识体系，并非单指零散的文史知识和吟诗作跋的能力。沙孟海所言"有学问做基础"，是将系统的知识结构作为专业书家的知识、能力培养最核心的要素之一，言为"基础"，实为高要求。

学问是终身之事，非一日之功。如何使研究生们能够在短短的两年在校学习时间里打下坚实的学问基础，是沙孟海所重点思考的。他提出了两点建议：一是多看多写，充分了解字体、书体原委变迁，博取约守，丰富自己的创作源泉；二是必须及早学会阅读古书能力、查考古书能力。他还特别强调，所谓古书，不仅仅限于直接有关书法的书籍。他建议最好注意目录学，以目录学为基础，可一发而动全身，对传统学问的框架就有全面的了解和把握。对目录学的重视，正体现了沙孟海对书法专业教学中学术和知识结构的系统性的关注。

在最后，沙孟海强调，无论何种学问，贵在转益多师。而转益多师也正是沙孟海自己求学的奥秘，他在总结自己的学书之路时特别强调转益多师在自己的书学之路中所起的作用。沙孟海希望学生们既要虚心，又要有大志，抗志希古，"不但要赶上老一辈，胜过老一辈，还有与古代名家争先后"[5]。

沙孟海专门提到抗志希古，强调"古"是指古人的长处，要与古代名家争先后。他特别强调的是与"古代名家"争先后，而不是笼统地与"古人"争先后。可以看出，沙孟海强调对传统的继承，但并不是盲目崇古，他清楚地洞悉古代的作品、古人的风格并不都是好的、都是适合取法学习的，只有经过历史检验、淘洗之后留存下来的名家和经典才是后人学习的对象、超越的对象。这一点，在其致吴龙友谈论文稿修改的书信中也得到了印证，沙孟海在信中说：

顷谈一节，连想到下文"还要与古人争先后"一句也欠妥，古人未必都好，应改作"还要与古代名人争先后"，意义才圆满。[6]

二

浙江美术学院于1979年招收首届书法研究生后，又于1985年恢复了书法本科招生，毕业的学生在各自岗位上均取得了令人瞩目的成绩，教学成果斐然，引起社会各界人士的极大关注。在香港主持《书谱》杂志的马国权曾专门致信沙孟海，询问有关书法教学的情况。而沙孟海则在回信中谦虚地表示，浙江美术学院书法专业的教学计划，先前是由潘天寿、陆维钊制定的，后来又是由刘江负责的，自己只是兼任教授。[7]在浙江美术学院书法教育事业取得巨大成功之际，沙孟海却退隐幕后，将成绩归功于潘天寿、陆维钊等专业开拓者和刘江等具体执行者，对自己的教学一语带过，其谦虚的品格、博大的胸怀可见一斑。

浙江美术学院开设书法专业取得成功之后，随之而来的是经验如何推广、是否需要在其他院校继续增设书法专业等问题。而高等院校开设书法专业、进行书法专业教学，又面临着如何定位书法专业、将书法专业开设在什么院校、什么学科之下、学生如何培养的问题。在致马国权的信札中，沙孟海阐述了自己的看法：

> 依我个人意见，书法不是孤立的。除文学外，必须加列文字学、金石学为必修课，浙美当年对此尚无条件。我有一种想法，书法篆刻的性质介乎中文系和艺术系之间。这个专业如设在艺术院校，则必须加开文字学、金石学一类课程。如设在中文系，则必须加开美学、美术史一类课程。这样造就人才比较理想。[8]

虽然书法专业的创办是在艺术院校中取得成功的，但对将书法专业设在艺术院系还是中文院系，沙孟海并没有固执一端，而是认为两者都是可以的。沙孟海强调的是不能孤立地看待书法、不能将书法视为简单的技艺，而应该是一种综合的学问和能力。从沙孟海的阐述可以看出，他认为书法篆刻的性质是介于中文与艺术之间的，也就是说，沙孟海坚持的是学、艺融合的教育、培养观念和模式。书法专业开办在不同性质的院校，就需要立足院校的特点，取长补短，查漏补缺，使学生的综合修养和能力得到提高，这样造就的书法人才才比较理想。

对在教学中发现的问题，沙孟海始终萦系于心。教材是书法学科建设和系统的专业教学的基本要求，也是构建学生专业知识的基础和保障，但因书法专业教学尚在起步、恢复阶段，原有的积累不够，各方面的条件也有限，在教材建设方面有很大的欠缺，沙孟海对此颇为忧心。在致王个簃和马国权的书信中均谈到书法专业教学的教材使用问题。

1983年，沙孟海在致王个簃的信中提到国人自著书法专业教材缺乏的情况，并以此为愧、自责。他说：

> 我近年在浙美院兼课，教材方面，感到国人自著有系统的书法史、篆刻史之缺乏，上课时只好应用日本书籍，实在惭愧得很。[9]

后来，在回答马国权有关浙江美术学院书法教育的问题时，沙孟海也谈到了当年使用教材的情况：

> 至于我自己担任篆刻时，也只应用《三十五举》等教材。担任书法时，就将自己编的书法史稿作主要教材，随时提些有关拓本书迹，此外无可告语，滋惭。[10]

马国权曾请沙孟海推举论书著作，拟

夫蔡邕不谬赏孙阳不妄顾者以其玄鉴精通故不滞於耳目也向使奇音在爨庸听惊其妙响逸品伏枥凡识知其绝群则伯喈不足称良乐未可尚也

沙孟海年七十三

辑成丛书，以方便读者学习。对书学论著包括古代书论，沙孟海认为浮泛夸诞者多，只肯定少数著作，他在致马国权的信中说：

> 书学论著更是汗牛充栋，玉石朱紫，审别更难。我平日厌看有些文章，感到浮泛夸诞者多。承嘱开选书目，好不容易（古人著作亦有此情况，此间友人属我代选读物，我只选孙过庭《书谱》及米元章《海岳名言》等极少数著作）。[11]

这种严苛的标准正体现了沙孟海的鉴别眼光和传道授业的严谨态度。

三

除了对学院书法专业教育的思考外，对院校专业教育之外的青少年学习书法如何培养、引导，沙孟海也有尝试与探索。当年，年轻的沙孟海在《僧孚日录》中详细地记录了自己求学的历程，他的学书经历、知识的构成和积累方式对后人有着极大的启发价值。但是，20世纪80年代，青年学子的知识结构与沙孟海年轻时已完全不同，所处的社会文化环境也发生了巨大变化，已不能照搬当年的学习方法和知识结构了。书法学习资料的欠缺、学书者知识结构的变化等等，都极大地影响到书法教育的实施和效果的取得。在这样的状况下，如何指导青少年们在书法上取得明显的进步，也成为一个新的、富有挑战性的话题。

沙孟海对学院书法专业教学的思考主要是强调学问和知识、技能的系统性，强调不能只将书法视为写字，要以学问为本。而对专业之外的学习书法的人，沙孟海并没有过多强调书法之外的知识和学问的加强，而是主要从对古代书家和作品的取法着眼。

沙孟海的孙子沙力对书法有兴趣，沙孟海也称赞他天分很高，并且有毅力、很用功。沙力居住在北京，虽不能在沙孟海身边耳提面命，但沙孟海还是尽力对他学习书法进行指导。虽然在起始阶段沙力进步很大，但最终效果却不如人意，沙孟海对此有深刻的反思。从沙孟海致沙力父母沙更世、张灵芝和沙力的书信中可窥见沙孟海在指导沙力学习书法的过程中所作的思考与尝试。

沙力原来学过颜真卿的《多宝塔碑》，但工作之后，学字的时间少了，沙孟海在此基础上对沙力的书法学习作了一个大致的安排。沙孟海教导沙力学帖要有主次之分，楷书在一段时期专写颜字，由《自书告身》过渡到《颜勤礼碑》，并寄给沙力《颜勤礼碑》的整拓本，后来为方便沙力临写，又寄了一册剪贴本。行书则是临习黄道周。沙孟海要求沙力将《颜勤礼碑》和黄道周行书作为基本练习，指出其他碑帖也可偶尔临摹一下，但不要打乱正课，特别是《龙门二十品》一类不宜专学，并表示在沙力学颜字有一定程度后，还要学其他各家，将来再看情况指导他。[12]

对沙力学习书法的指导，沙孟海并没有以书法大家自居，还时常向自己的三子、沙力的父亲沙更世询问自己的指导怎么样。他在致沙更世的信中说：

我对力力学字时指导，你认为怎样？《多宝塔》是他原来学习的，我在此基础上要他加学《告身》及《颜勤礼碑》。你看是否写颜字写下去？另外，他临黄石斋行书很相像，因为有祖父、父亲的字摆在眼前，学起来比较方便。你看是否叫他学下去？希望你提些意见。[13]

沙力学习书法，在沙孟海的指导下，起初进步很快，但逐渐僵化、停滞不前了。沙孟海在致沙更世的书信中说："像过去跟我学，起初很快，后来停止了，学了三年，已经一成不变，僵化了。的确需要另开新路。"[14]

对沙力学习书法所遇到的困难和问题，沙孟海尝试从两个方面来调整。一方面是劝告沙力要兼听多闻、转益多师，建议沙力继续在北京书学研究会举办的学习班里学习。他在给沙力的回信中说：

来信及所写字都收到。字有些进步，但不多。这样下去，肯定进步不会快的。我意你还是再进学习班，大有好处。一般常识也极要紧。你自己说没有"实际的东西"。一位老师教你们隶书，又一位教楷书，都是实际东西。教楷书的讲"柳"字，更是实际东西。多方面吸收常识，那是极好机会，千万不要放弃。靠我一个人指导，不必说远隔南北，即使近在眼前，也不如兼听多闻来得好。希望你不要固执。试看近几年你的字进步实在太慢，一定要见见世面，广广眼界，到一定时候还必须改换临摹的碑帖。世上有人一天到晚学字，学到一辈子，花费力气很多，收到效果极少，就是只知道练，不知道其他道理。你现在每天在家写上两三个小时，也是只知道练，这样不是好办法。还是在学习班学习下去，我从旁提提意见，才是"转益多师是汝师"。[15]

另一方面，沙孟海尝试改换沙力的临摹范本。20世纪80年代初期，虽然已逐渐形成学习书法的氛围，但书法学习资料还是很缺乏，合适的临习范本也不容易找到。1981年第1期《书法》杂志中刊登有徐浩的《不空和尚碑》拓本，沙孟海在见到杂志后就马上寄给沙力一本，希望沙力能通过改习徐浩来纠正学颜的习气。他在2月15日致沙力的书信中详细叙述了自己的思路和安排：

你上次寄示行书条子很好。学书总要有正楷基础，然后写行、写草，变化多样，才有骨力。你过去写颜鲁公正楷，起初进行还快，后来写得久了，停止不前，甚至有习气。我曾要你改临《唐邕写经颂》，也不适宜。我想找一本徐浩的碑帖，叫你改学徐浩（颜真卿早年也是学徐浩的），与颜笔路近似，而形体不同，或者你改学徐浩能改变习气，学成一种新风格，但徐浩碑帖各处都未印

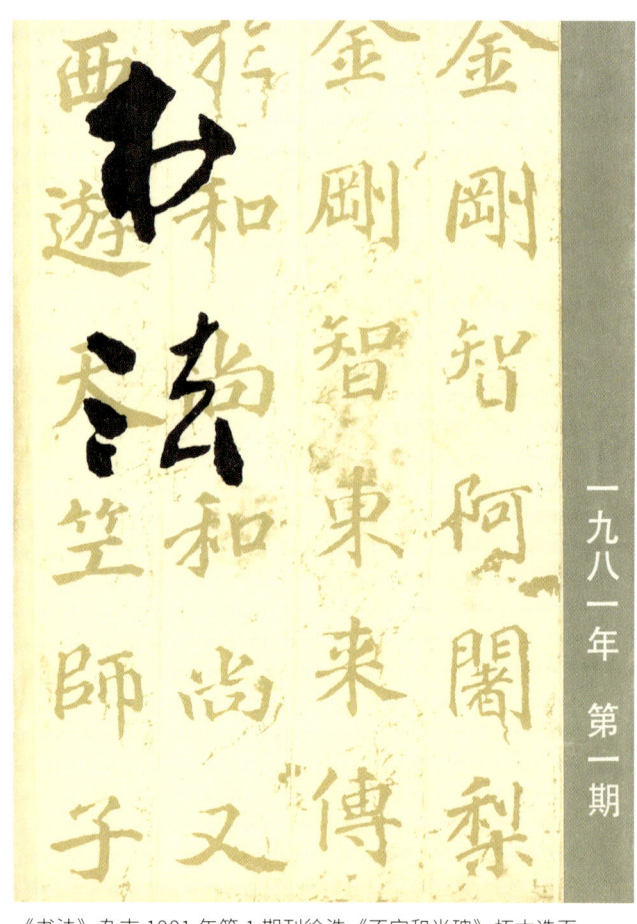

《书法》杂志1981年第1期刊徐浩《不空和尚碑》拓本选页

行，旧帖也难找到。现在上海出版《书法》杂志，把徐浩的《不空和尚碑》全文影印出来，正合我的需要。今天另封寄你一本。头尾碑文照原拓大小，中间碑文稍缩小，总之对你临习无碍。你可试临之……现在全国青年多学颜、柳，千篇一律，也没意思，你能另学一家，或者可以一新面目。[16]

1982年，西泠印社新出版《颜真卿行书蔡明远刘太冲两帖》，沙孟海也给沙力寄了一册，指出《蔡明远》《刘太冲》是颜字行书境界最高的两帖，无肥厚之病，希望能以颜体行书纠正沙力的旧习气，转变面貌，写出一种新风格来。

但这些尝试效果仍不明显，沙力的字长期停留在一个状态，没有显著的进步。沙孟海很着急，认为是自己指导上有问题，反思原因所在：

你寄来的《郑文公》《蔡明远》两张

临本都还稳当，但总觉得你的字长期停留在一个境界上，没有显著的进步。这是我指导上有问题，所以我很着急。

我细细想来，恐怕主要还是临颜鲁公《告身》时间太长，习气太深，改变不了面貌。记得上次我寄你一本《书法》，其中有徐浩的《不空和尚碑》，徐浩的字与颜公早年的字（如《多宝塔碑》）笔意相近，你或者专心临习徐浩正楷，先用拷贝纸映摹，然后再临写，学得相像为止。用徐浩打基础，写好平正的正楷，将来再求变化。希望你试试看。我上次要你临《蔡明远》，太高，没有一定基础就写不好，所以我在动脑筋。人家要我指导书法，我说："我自己孙子天分很高，但我的指导失败了，不好再指导别人。"这个失败，追求原因还是最早让你学颜不够妥当。目前全国中小学字帖非颜即柳，实在不是好办法，你就是中了"颜毒"的一个。但你也不要灰心，我全力帮助你，一定要得到一个新的进步。[17]

通过反思指导沙力学习书法过程中所出现的问题，沙孟海分析主要原因还是在让沙力学颜不够妥当，并由此想到"目前全国中小学字帖非颜即柳，实在不是好办法"，对当时中小学书法教学的状况表示忧虑。

之后沙力赴法国求学，沙孟海在致沙力的书信中，对借鉴外国之长和保持民族风格问题也发表了自己的看法，提醒沙力："中国人留学外国沾染了外国作风也是应该的，借鉴别人的长处，弥补本国的欠缺，对艺术发展有帮助。但有人尽弃祖国风格，特别是书法，丢开祖国文字历史，失去民族风格，还成什么体统？"[18]表达出了既开明但又非常坚决的态度。

从沙孟海致亲友的书信中所谈论的有关学院书法专业教学和社会书法教育的话题可以看出，在现代书法教育事业的起步时期，对书法教育的探索就是这样一步一步思考、尝试的。[19]沙孟海的这些思考和探索，为后人留下了宝贵的经验和精神财富，启迪后来者去进一步地丰富、完善，在书法教育之路上更坚实地走下去。

原载：《中国书法》2021年第1期。

注　释：

[1]《碧血丹心——纪念沙孟海诞辰一百二十周年：沙孟海书法篆刻艺术大展暨学术文献展作品集》，西泠印社出版社，2020年，第466页。

[2][3][4][5][6][7][8][9][10][11][12][13][14][15][16][17][18]《沙孟海全集（八）书信卷》，西泠印社出版社，2010年，第122页、第122页、第122页、第123页、第218页、第181页、第181页、第18页、第181页、第178页、第146页、第124页、第126页、第242页、第243页、第243页、第244页。

[19] 这些思考和尝试除上文所论外，在沙孟海致亲友书信中还有不少体现。如沙孟海在致马国权的信中对金石学和篆刻学的关系发表了看法，提到自己在浙江大学中文系和人类学系开设金石学课程的情况，通过教学，沙孟海感到金石学在现代已是落后名词，所以半年后改称中国古器物学。又如在致邢秀华的信中指导邢秀华学习隶书，建议邢秀华参考碑帖集联临写，并说历来书家多用此种影印碑帖。

学术篇

书迹、文献与文物相互释证
——从沙孟海古文字考释观谈起

袁文甲

20世纪以来，考古新见大量的出土文献资料，如古器物（甲骨、金文与石刻）、帛书、简牍及残纸书迹等，这些书法文物资料渐入学者视野。随着新考古材料的出现，也带来了新学问及研究方法。在古文字考释中，沙孟海先生是较早将传世文献、考古出土文献及书法文物资料相互释证的，即：以文物资料与文献资料互证；结合考古学，以出土文物资料与传世文献资料互证；以古器物刊刻资料与拓本及书法书迹资料互证。这种借助多种新学问及新资料的相互释证方法，打破了过去过于依赖传世文献释证格局，也是在王国维"二重证据法"基础上的突破。在具体文字考释上，沙孟海侧重对汉字的形、音、义综合分析及辨证比较。本文以沙孟海古文字考释观为线索，结合沙孟海先生相关研究成果，对沙孟海以书迹、文献与文物的相互释证法进行探讨，以增加书法学研究的新思路。

弁言

在古文字考释及相关学术研究中，罗、王最早以传世及出土文献释证甲骨文与金文等，[1]沙孟海在此基础上又依托考古、传世文献、出土文献及书法文物资料相互释证，即以文物资料与文献资料互证；以古器物刊刻资料与拓本及书法书迹资料互证。这种借助多种新学问及新资料的相互释证方法，也进一步推进了王国维先生"地下之实物与地上之遗文的相互释证"的"二重证据法"。[2]沙孟海多重证据的释证方法不仅仅为古文字考释提供了理据，也为书法研究提供了新的范式及线索。自古以来，古文字考释是汉字研究的基础，汉字是书法的基本构成元素，错误的释读及在错误的考释基础上的逐层推衍都不准确，这样于文字发展情况下的以讹传讹，不利于汉字的正确传播与进步，更无从谈及在此基础之上对相关书法文物资料的书法学及书法史的研究。多学科及新材料的相互释证，也增加了学术研究中求真与求实的研究态度，这种研究的学术态度是一切学术研究必须要具备的。对于书法而言，书法的书写还讲究美感，求美也是建立在求真与求实的基础之上的，沙孟海的古文字考释及多重释证的谨严学风是后人首先要学习的。

对传世书迹及出土文献中疑难字进行释证，沙孟海的古文字考释相关文献鲜有著录，笔者一一辑录如下：《攈古录》释文订[3]，《廊字说》[4]，《鄞字说》[5]，《也字说》[6]，《木牍"共侍"两字释义》[7]，《娄各盂考释》，《娄各盂考释·附记》[8]，《配儿钩鑃考释》[9]，《石鼓为廊時刻石考》中关于"廊、時"字的考释，[10]《略谈浙江出土的石钺——石钺与钺族》中关于"钺"字的考释[11]，《洹子孟姜壶跋》中关于"䚘"字的考释（此字单纯以通用习惯推释，不涉及音义用法推定，属于不完全考释）[12]，《杞伯诸器跋》中关于"匀"字的考释[13]，《越王勾践剑拓本跋》[14]，《仓颉庙碑跋》，《晋朱曼妻薛氏买地券跋》[15]，《铜器篇·远古铜器之探究》中对"鼎、鬲、簋、敦、卢、匕、尊"等字的释解，《彝器之字体·上》中关于"殳、言、马"等字的考释，《彝器之字体·下》中关于"薇、逄、归"等字的考释，《彝铭考释之进步》中从释文、集字、字形、字义、字音、书体等方面简述考释之法，《彝器之时代》[16]，《彝器之复出与初期考释》[17]，《石鼓史话·石鼓文之校释》[18]，《许慎以前文字学流派考》[19]，

《论简字》[20]等。沙孟海综合运用书迹资料、文献及文物资料进行古文字释证，体现了沙孟海综合的学术高度及深厚的文化积淀，对于语言文字之考究，以多重证据的释证方法，也打破了前人多以文献释文献或文献传文献之单纯的释证体例，辅以沙孟海书法及篆刻并进，古典辞章、金石碑版、文物考古等无不精通，这也为他的学术研究道路提供了更加广阔的空间。在新材料及新学问日益丰富的情况下，沙孟海注重对传统研究理论的审视，也注意新的研究范式的转型，这种对于书迹、文献与文物的综合释证研究法，在书法学及书法史学研究中都是值得借鉴的。

一、沙孟海古文字考释观

汉字是记录语言的方式，[21]在出土文献及书迹中出现疑难字或新见字，需要文字的阐释及进一步考释。考释的核心是语言的音义，[22]阐释的目的是理据与构形，终究是解决文字的音义与构形的相互关系，只有明辨其音义与构形，才能"完全释字"，[23]而非仅仅依赖模糊推测。这一方面是文字研究的意义与价值，另一方面也是正确书写汉字的必要前提，在大量的古文字文物资料的流传中，由于外在客观因素及久远文化的差异，一定会存在部分疑难字及错误字，也难免会存在错简、书误、混乱及伪作，继而需要对文字进行明辨释读，不得不考证及解决相关疑难字及错误字，继而考证作品的真实性，这也符合书法研究及书写中严谨、求真、求实及求美的基本思路。沙孟海古文字考释以精进扎实的文字训诂之学和文史兼备的辞章功底，加之旁涉考古及文献，又关注新问题、新学问及新发现，终究形成了一套古文字考释体系。对于古文字的考释方法，学者其法不一。如罗振玉的以《说文解字》为中心参照，[24]又以金文、甲骨等探窥书契，《说文解字》作为基本的分析汉字字源及考其形的字书有重要的价值，但是许慎并未见到当下如此大宗的文献新资料，难免训释有误，因此过于依托《说文》并不合适；王国维则善于运用当下新材料，以传世文献与出土文献交叉论证；[25]于省吾在罗、王学问的基础上，多用考据得其每一个字所处的时代横向关系及字之本身在不同的时期所处的纵向关系，善于综合辩证分析；[26]唐兰多以文字偏旁对照分析法。[27]通过梳理沙孟海古文字学的研究成果看，沙孟海古文字考释方法已经非常成熟，可以分为宏观及微观两个维度，宏观层面是指基于书迹、文献及文物诸多材料和多重证据的相互释证，通过借助考古学、历史学、文字学、书法学及文献学等多学科推定；而微观层面是具体到某字对汉字形、音、义横向与纵向相互关系的分析及以自我学识为积淀的综合论证。

对于沙孟海古文字考释观研究，笔者以沙氏《石鼓为䢛時刻石考》（《䢛字说》）、

《大小盂鼎名称的商榷》、《也字说》、《鄩字说》、《木牍"共侍"两字释义》等相关文章进行分析。

《石鼓为鄜畤刻石考》，[28]沙孟海先借助历史学推定鄜畤所在及其重要性，根据传世文献《汉书》《史记》得出秦人多用"畤"字，其文献所载共有八处，初作西畤，后为雍四畤，汉代时称为雍八畤，后文献也证秦文公作鄜畤。沙孟海通过此字音、形、义综合分析，将石鼓文廊即为"鄜"字，"廊"字在《石鼓文》中两处可见，对于此字王国维及郭沫若均有不同考释，分别释为"雍"与"蒲"。《说文解字》鄜作鄜，从邑，麃声，沙孟海借助音韵学分析汉字在古代并无轻唇音，凡轻唇音皆读作重唇音，所以非、敷、奉、微四纽的字古音与并、明四纽的字没有区别，"鄜"字古音应读作铺。廊从膚声，膚又从虏声，"膚"与"虏"两个字都是郎古切，音鲁。他又进一步通过文献《尚书》《礼记》《诗经》推定"鄜"作"鄜"。沙孟海综合运用音韵、训诂及文献考订"鄜"字有四种写法，分别是《石鼓文》中"廊"，《史记·秦始皇本纪》中"麃"，《说文解字》中"鄜"及今体"鄜"。沙孟海以汉字基本的形、音、义进行释证，以察其形、明辨音义及通读其境，而且注意分析汉字本身形、音、义之间的相互关系，对形、音、义三要素的考释推定，[29]这种结合形、音、义的观点相互论证，实质上就是综合论证的基础。

《大小盂鼎名称的商榷》，[30]在《盂鼎甲器跋》中，沙孟海借助考古文物及历史学的相关知识对盂鼎的流传与著录做详实的分析，通过器物挖掘、收藏情况进行详细总结。通过文中分析可知，克鼎、盂鼎均属于潘祖荫旧藏的器物，后者共两器：其一是博物馆入藏的左宗棠转赠给潘祖荫之器，是当下通称的大盂鼎；另一件出土于陕西，后亡佚。前者著录较多且文字拓本亦多，后者不见且著录较少，只有《攈古录金文》有载，并无从考其容积，今人习惯称大小盂鼎，此得名缺少理论依据。沙孟海通过陈介祺《簠斋传古别录》手稿附录给吴云信考其廿五祀盂鼎比潘氏盂鼎体积反而大，字数相比大盂鼎（潘）字多百余，沙孟海借助考古学辨出其器之真伪，并测定以大盂鼎称谓之器容八石，而以小盂鼎称谓之器容十二石，较大盂鼎反而大之，沙氏借助考古学之法纠正旧误，并以《两周金文辞大系》中称孟姜壶甲器、乙器更为妥，甚至以王国维标题"盂鼎一""盂鼎二"也是合适，此文是典型的依照考古文物推定旧有学术称谓之嫌。沙孟海所论颇具合理性，他以书法学、文献学、考古学、文字学、历史学多学科的综合知识进行判断，一方面增加了释证的可信度，另一方面打破了传统的以文献考文献及旧说以讹传讹之误，单一的文献论证往往缺少理论材料支撑，通过新学科、新学问、新科技、新思维的交叉能更加准确地做出定位。

《也字说》，[31]"也"字是"匜"之本字，"匜"在商周时多见，沙孟海说"也"

字作"阴",多与女性有关。《说文解字》注有:"(匜)似羹魁,斗部曰。魁,羹枓也。枓,勺也。匜之状似羹勺,亦所以挹取也。柄中有道,可以注水酒。道者、路也,其器有勺。可以盛水盛酒。其柄空中,可使勺中水酒自柄中流出,注于盥槃及饮器也。"金文作⿱,象形惟肖,金文从皿作⿱,从金作⿱,从尸作⿱,从金从皿作⿱,沙孟海认为此写法均为后起字,并认为篆文"匜"本作⿱,又作⿱,最后从匚作匜。《说文解字》:"也,女阴也,象形。"后以《礼记》《左氏传》《后汉书》等传世文献论。《鄩字说》,[32]这篇文章中"鄩"字的考释依然是先以《说文解字》正,后推其形、音、义之发展变化,结合相关传世文献考释。通过以上两篇文章的文字考释可见,沙孟海先生以《说文解字》为本的字学观,以说文为中心结合金文的不同形体,以窥其义。通过学者对《说文解字》研究的不断深入,说文所记字之意并非全为本意,但结合《说文解字》,通过传统文字学中的以形索义,因声求义,比较互证等方法,往往能相对准确地对文字进行考释。另外,沙孟海作为现代书法教育的先驱,一直强调《说文解字》在学习古文字研究及古文字考释的重要性,曾举例以宋代书学生习以篆、隶、草三体,并常课以《说文》《尔雅》《方言》《释名》教授为例,[33]强调书家懂篆并通以《说文》为基。

《木牍"共侍"两字释义》,[34]本文是典型的综合以汉字形、音、义文字互释的典型,对于"共侍"二字的释义,沙孟海先以简牍基本释录的办法,将此简所有文字进行排序校释,这需要深厚的语言文字学功底,并精通汉代辞章及用法。在考释时,运用传世文献《诗经》《尚书》《国语》《尔雅》,就其书中所见"峙"字逐一释义,分析"峙"字在不同语境下的使用性质,将"峙"字在同时期内的不同用法的横向关系以及在不同书目不同历史时期的纵向关系进行对比研究,结合音韵学,得出"峙、庤"音、义并同,属于同一字的异体,并以假借读破法来阐释,即在古代,某些字词有音无字,固可以用同音字来阐释,就是已有本字的,也常常假借同音或音近的字来表达。最后,沙孟海考其峙、庤为同一例字,"共与供""庤庤侍"非同形但同义。通过此文可知,书迹中出现的疑难字可以通过音形义的相互关系推定,以传世文献考其字用,在文献中,考察字与字间相互联系及语境。汉字的发展是动态的,汉字的发展历史中音形义是相互依存的,不会孤立地存在,所以依托汉字形、音、义的转换及释证往往是准确的。

通过研读沙孟海相关考释文章,可以看到先生较为成熟的文字考释体系,这种体系离不开先生深厚的语言文字学修养。通过资料可知,语言学、书法学、文字学及历史学是沙孟海学术研究的支撑。早年,先生从冯君木、陈屺怀学习古文,[35]这为他古文字考释对字词性及古汉语语言环境的了解夯实基础,从相关作品如《助词论》

《名字别号源流考》《许慎以前文字学流派考》《转注说》《汉字分笔排检法》中能看到；并在相关文字考释的文章中大量引用传世文献，足可见对于传世文献的精通，通过汉字当时的语境、用法及性质进行辨释，这些都离不开语言文学的滋养。沙孟海从章太炎及顾颉刚通历史学，历史学的文脉是研究汉字及考证的基础，他延续了清代中后期的史学治学体系，为他的学术研究打下了基础，其中相关文章有《记沙村出土陈氏两墓志》《曲水流觞杂考》《北魏曹望憘造像跋》《石鼓史话》等。沙孟海接触考古学是从安特生、马衡二位学者开始的，[36] 马衡对沙孟海影响较大。考古学为沙孟海的学术研究提供了文物资料，地下出土文物资料结合传世的历史文献，更加夯实了文字研究的理据性，如《略谈浙江出土的石钺》《石钺与越族》《考古研究法》《五代吴越的雕版印刷》《宋元时代杭州的文物古迹》《再谈南宋官窑窑址和有关资料》《中国古器物学讲稿——青铜器篇》。沙孟海又从康有为、吴昌硕、章太炎浸染书法研究，书法宗钟、王、颜、苏，涉篆、隶、楷、行草诸体，开北碑雄强一路新风，尤其篆隶笔意融入行草书写，韵味沉厚，书法学及书法创作为沙孟海在古文字研究及创作上提供了实践基础。

沙孟海的多重释证的研究成果较多，笔者试从以下几方面进行分类辑录：出土文物资料、传世文物资料与传世文献资料相互释证，刊刻资料与书法墨迹资料相互释证，写本资料与拓本资料相互释证；考古学、书法学、文字学及文献学多学科交叉释证。（表1）

二、多重释证与书法研究

考古文物资料的新发现，不仅仅为古文字研究提供了宝贵的依据，也不得不重新思考书法研究的固有范式。传统书法研究，或是过多地关注传世文献及固有的文献情结，或是过于专注书迹作品本身。20世纪以来，随着大宗出土文献资料的面世，新材料及新学问带来了新的研究思路，对甲骨、碑刻、青铜器铭文及简牍、帛书等的研究逐渐成为学者关注的重点，这些文献的研究方法逐渐成熟，也促进了书法研究的求真、求实及求美的方向。多重释证研究本身对书法书写汉字的准确性提供了必要的前提，在古文献资料中，要辨明文字的书写正误及具体应用，要认清假借，也可以使书家明辨文物书法资料的真伪，提高审美认知的高度。笔者从文献释证、书迹及文物释证两个角度分别谈对书法研究的功用。

1、文献释证

文献释证，主要是指借助出土文献与传世文献的相互释证。

通过双重文献以此订正书法学及书法研究中的诸多问题，对于文献的研究，文字的释读是第一性的，如果释读不准确，便无从谈及研究。例如，在先秦古文字中，

表1　沙孟海多重释证研究成果分类辑录

	出土文物资料、传世文物资料、与传世文献资料相互释证	刊刻资料与书法墨迹资料相互释证	写本资料与拓本资料相互释证	考古学、书法学、文字学及文献学多学科交叉释证
1	《石钺与越族》《铜器篇·远古铜器之探究》中对"鼎、鬲、簋、敦、卢、匕、尊"等字的释解	《甲骨证史之一例》《石鼓文之校释》《西汉刻石讲稿》	《江陵凤凰山十号汉墓出土二号木牍"共侍"两字释义》	《杞伯诸器跋》《青铜彝器的早期记载与考释》
2	石鼓为刻石考（提要）	《彝器之复出与初期考释》	《晋朱曼妻薛氏买地券跋》	《彝铭考释之进步》中从释文、集字、字形、字义、字音、书体等方面简述考释之法
3	《娄戈盉考释》	《秦始皇刻石讲稿》	《记沙村出土陈氏两墓志》	《攈古录》释文订
4	《娄戈盉考释》附记	《江陵凤凰山十号汉墓出土二号木牍"共侍"两字释义》		《廓字说》
5	《配儿钩鑃考释》	《文字学讲稿》	《五代吴越的雕版印刷》	《也字说》
6	《青铜彝器的早期记载与考释》			《论简字》
7	《攈古录》释文订			《鄞字说》
8	《说文》分类排检法例言			《说文》分类排检法例言

注：以上研究成果在多重资料互释或学科交叉释证中略有重合

表2　"保"字自西周以来的写法演变

	金文（西周）	金文（春秋）	简	陶
保				

往往有一种偏旁或点画在文字构成中是可有可无的，也或者是没有实质的意义，学者们常以饰笔或饰点定为饰符号，如"保"字（表2）。

通过这个"保"字，我们借助出土的简牍资料《信阳楚简》《包山简·244》《包山简·212》看"保"字从西周以来的写法有明显的区别性特征，战国后部分文字中保留了较为古老传统的写法，但是在简牍作品中全部增添了一笔，两撇分别置于竖画两侧，从记录语言的角度及表音与表音的角度看这一笔是多余的，从文字演变的符号系统上看也未有明显实质意义，但是添置一笔为何？大概是使之文字整体更加平衡与对称，具有修饰的作用，书法的书写讲究美感，对称及平衡也是一种美，为了修饰性美增添的多余的符号称为饰符。[37] 所以，在古文字中饰符是比较常见的，不能因为饰符而误读或否定了字意本身。在文字的演变中，对于这种现象的考察需要借助大量的出土文献资料，仅仅通过传世文献是无法解决的。对于这种用笔现象的研究要以出土文献的实际资料进行分类继而量化分析，这样也能推定文字演变及文字书写发展的基本情况，这是文字发展史及书法发展史上必须要经历的一个过程。通过文献资料的分析，继而得出真实的结论。这些源自饰笔的笔画在现在的汉字书写中越来越规范化，类似这种现象的字还有：言、商、帝、童等。（表3）

另外，出土文献除了可以研究汉字演变及构形的原理，还可以释证许多关于书法史类的问题，如许慎在《说文解字叙》中有一段精到的叙述：

秦始皇帝初兼天下，丞相李斯乃奏同之，罢其不与秦文合者……皆取史籀大篆，或颇省改，所谓小篆也……官狱职务繁，初有隶书，以趣约易，而古文由此而绝矣。自尔秦书有八体：一曰大篆，二曰小篆，三曰刻符，四曰虫书，五曰摹印，六曰署书，七曰殳书，八曰隶书。[38]

从上文可以看出许多信息，如小篆的生成是皆取史籀大篆而成，或颇省改，书法史上也往往多以许慎之论而定，但是根据当下出土的文献资料可知，小篆在战国晚期已经出现，且发展相对成熟了。秦始皇时类似秦刻石小篆风格及结构造型特征更接近于战国晚期小篆的发展，类似于《秦公大墓刻石》《新郑虎符》《阳陵虎符》等小篆的写法，秦帝国时这些写法是直接顺承战国晚期小篆固有的写法，是直接承袭战国晚期小篆的特征而非省改籀文。另外，"省改"籀文中"省改"也并不准确，通过材料可知，有些秦小篆的书写比"籀文"还繁杂，我们从《说文解字》辑录的二百余籀文（《史籀篇》的文字统称为"籀文"）可以看到，籀文的风格特征逼近西周晚期的文字书写风格，部分文字的结构比较繁复。但是也有部分文字比较简略，甚至比小篆还省简，如"薇"（《说文解字》籀文

表3

字	龙	疾	童	章	妾	言	商	示	帝
简（系年）									
	003	002	115	115	031	031	001	001	001

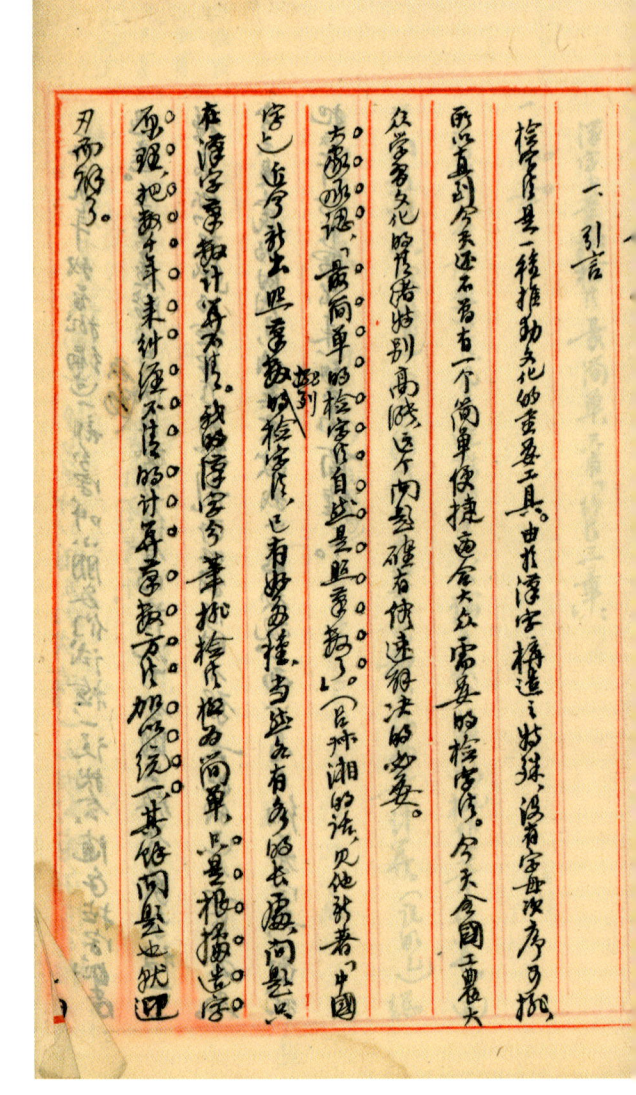

沙孟海《汉字分笔排检法》手稿

作🔲,《说文解字》小篆作🔲)、"爨"(《说文解字》籀文作🔲,《说文解字》小篆作🔲)、"磬"(《说文解字》籀文作🔲,《说文解字》小篆作🔲)等字,所以许慎所言"省改"一词亦并非妥当。另外,许慎上文"初有隶书",意思是开始出现隶书,文中的时间是秦始皇初兼天下之后,通过现在出土的简牍资料看,在战国晚期就已经出现隶书,而且那时是隶书发展的大爆发时期,隶变的时间上限远早于秦始皇兼并天下时,部分战国简和《云梦睡虎地秦简》《里耶秦简》等可以看到隶变的情况。由此可见,传世文献中的诸多观点因为在当时资料非常匮乏的情况下,是需要重新审视的,需要借助新的出土文献资料进行考证,这样才能保证学术研究的科学性与真实性。

出土文献除了能重审传世文献中的诸多观点之外,也可以进一步佐证相关传世文献中观点的正确性,夯实古人的某些观点。如许慎《说文》中关于"秦书八体"的记载情况,在另一部传世文献《汉书》中也有相关记载,二者分别辑录:

《说文·叙》记载:尉律,学僮十七以上始试。讽籀书九千字,乃得为吏。又以八体试之……[39]《汉书·艺文志》记载:汉兴,萧何草律,亦著其法,曰:太史试学童,能讽书九千字以上,乃得为史。又以六体试之,课最者以为尚书御史史书令史……[40](按此"六体"为"八体"之误,王莽时有六体,萧何于汉兴只有袭秦八体,无六体也。)[41]

这两个传世文献分别辑录了"秦书八体"的使用情况及分类情况,"秦书八体"是通行于秦的八种文字,实际是篆隶二体,这关系到秦文字的文字发展及文字总结情况,"秦书八体"的提出与研究有很重要的价值,它在文字演变史及书法发展史上有重要的作用,对于"秦书八体"的性质及真实性,若单纯以《说文解字》《汉书·艺文志》中相关记载还不能完全定论。而近年出土的张家山汉简《史律》篇详细记载了"秦书八体"在汉初的性质:《张家山汉简·二年律令》记载:🔲史学童以十五篇,能讽书五千字者,乃得为史,又以八体试之,郡移其八体课大史,大史诵课,取最一人以为其县令史……[42]《张家山汉简·史律》篇的出现无疑肯定了秦书八体的真实性,也确定了"秦书八体"的功用性质,在《汉书·艺文志》记载唯一不同的地方是"以六体试之",笔者以为此"六体"应为"八体",通过资料梳理可知,一方面汉初的文字使用情况多沿袭秦制,还有汉初也不会存在"新莽六书",这违背了历史发展的常理。"新莽六书"的出现起码是在汉人发现孔子壁中书等诗书百家资料之后,汉武帝初时鲁恭王坏孔子旧宅发现壁中书,距离"萧何草律"有近六十年,未见孔子壁中书及六国古文之前,何来古文一体呢?从目前的资料来看,古文一体的确立起码在汉武帝之后,所以汉兴时应为八体试之,不会

洛神赋十三行柳跋两版本版 一九七六甲

所见洛神赋十三行柳跋本凡两种，皆非剃削柳跋续题点

有单剃柳跋续题者不谙演者对前强而言不剃者跋优夹续

陈氏石墨楼旧藏两本余尝观其一玄宴斋善刻本颇玄峯经藏庚戌有周

刻戶部裝裱題王子敬洛神賦後凡三十六字通行本探鶋為探

戴谈题金交气天祐元年五月省堂姪孙申書侍郎同中書門下平章事

越世孙琛後題本書曹勋云柳七權記扴前璨題其後見柱漢集葉

数一致甚二院钧见沈子培經勋余人雨見如此本不詳惟剥第二跋署名琛非 璨 沙误

戴沈兩長跋 印 推

之踪猶今尋檢古帖備著枝卻高下大有之名條未习尽信

宝置、兩本 琛字皆毛挑、

柳琛唐末宁執事勤眷護唐書俱有傳桃本相沿作琛失考故尔

内琛习知画史既久

文明館

像班固所言为"六体"，王应麟[43]、李赓芸[44]、王先谦[45]、李学勤[46]等也有相关论断。近世所出《张家山汉简·二年律令·史律》篇[47]证实于此，并确定了汉初"讽"书籀文为课试史学童的门径，"秦书八体"是试史的必备。由此可见，我们不能片面地追求传世文献，对于出土文献应该引起足够的重视，这对于书法研究及文字研究都有重要的价值。

2、书迹及文物释证

书迹即为书法书写资料。文物则是通过考古出土的实物，主要是古器物等，在考古学的文物中，与书法研究相关的有甲骨文、青铜文、陶砖文、碑版文、摹拓文及笔墨工具等，这些材料的出现极大地扩充了书法研究的丰富性及可能性。

沙孟海在《两汉刻石讲稿中》综合运用书迹与文物释证，考其刻石之年代，依据刻石书写风格、书体的特征，以纯隶者尚未有波磔，与东汉隶书进行风格对比，得出东西汉刻石之风格差异，沙孟海分别对《杨量买山地记》《鲁孝王刻石》《祝其卿坟坛刻石》《莱子侯刻石》等资料，运用书法学及文字学对其进行详细的考察。沙孟海著有《大小盂鼎名称的商榷》，[48]在《盂鼎甲器跋》中，沙孟海借助考古文物及历史学的相关知识对盂鼎的流传与著录做了详实的分析，通过器物挖掘、收藏情况进行详细总结。沙孟海通过陈介祺《簠斋传古别录》手稿附录给吴云信考其廿五祀盂鼎比潘氏盂鼎体积反而大，字数相比大盂鼎（潘）字多百余，沙孟海借助考古学辨出其器之真伪，并测定以大盂鼎称谓之器容八石，而以小盂鼎称谓之器容十二石，较大盂鼎反而大之，沙氏借助考古学之法纠正旧误，并以《两周金文辞大系》中称盂姜壶甲器、乙器更为妥，甚至以王国维标题"盂鼎一、盂鼎二"也是合适的，此文是典型的依照考古文物推定旧有学术称谓之嫌。

通过文中分析可知，克鼎、盂鼎均属于潘祖荫旧藏的器物，后者共两器：其一是博物馆入藏的左宗棠转赠给潘祖荫之器，是当下通称的大盂鼎；另一件出土于陕西，后亡佚。前者著录较多且文字拓本亦多，后者不见且著录较少，只有《攈古录金文》有载，并无从考其容积，今人习惯称大小盂鼎，此得名缺少理论依据。另外，在综合运用文物、文献资料进行书法研究时，一定要详细考察文物、文献资料，需可靠的证实文物及文献，这是学术研究的基本前提。综合书迹及文物资料的了解，有利于我们进一步明确书法资料的真实及价值。历史上，存伪的书法文物资料很多，作伪的手段也相对高明，包括书法墨迹、青铜器及碑拓本等，《韩非子·说林》云："齐伐鲁，索谗鼎，以其雁往。齐人曰：雁也。鲁人曰：真也。"由此可见，在周代的时候便出现了伪作及赝品。在金石学大繁荣的宋代，收藏家为了喜好及牟利，大量的碑刻及青铜器出现仿制，这不利于书法文化的传播。金石学发展到清代时出现了第二个高峰，清人注重金石考据学，从民间到官方，私刻及伪造金石文物的现象比较严重，也包含了刻帖等书法相关文物的伪造，这就给书法研究设置了很大的障碍。另外，书法文物的断代与书法风格的界定有必然的联系，而书法墨迹及版本的资料也更需要考古学参与。对于辨伪能力的提升，非仅仅书法学所能具备，必须要诸多学科及诸多证据之间的相互释证。文物的价值在于真实有效地还原历史，书法文物资料使我们近距离地观摩古人真迹，一方面提升了书法书写，另一方面有助于对文物的出土、流传、形制等方面进行研究。具体到书法研究中，不能仅仅通过文字、文献、书法风格等因素进行辨析，还需要结合考古学等手段进行界定。

结语

本文分析了沙孟海古文字考释的成果，确定了沙孟海以《说文解字》研究为中心的正字观，以形、音、义为基础的多学科、多重证据的考释观。基于沙孟海对于文史哲综合文化修养，确定了沙孟海以书法学、考古学、历史学及文字学诸多学科交叉释证的研究理念。在学术研究上，善于运用新材料、新方向及新学问；在文字考释上，侧重对汉字的形、音、义综合分析及辩证比较；在罗、王等学者的研究成果的基础上，形成了自己多重证据释证的古文字释证观及求真、求实的研究理念。

对于沙孟海古文字考释观的研究，解决书法创作中正确的释读观及正确书写文字的第一性，最主要的是在书法研究中形成多重释证的研究方法及求真、求实、求美的研究态度，养成善于运用多学科及新材料的研究理念，这些都是在当下书法研究及书法创作中可以汲取的。

原载：《大学书法》2023 年第 6 期。

注　释：

[1][21] 林沄：《古文字学简论》，中华书局，2012 年，第 6 页、第 14 页。

[2] 王国维：《古史新证》，清华大学出版社，1994 年，第 2 页。20 世纪初叶，甲骨文字、木简文字及敦煌遗书等资料大量出现，王国维利用这些新的材料以证古史："吾辈生于今日，幸于纸上之材料外，更得地下之新材料。由此种材料，我辈固得据以补正纸上之材料，亦得证明古书之某部分全为实录，即百家不雅驯之言，亦不无表示一面之事实。此二重证据法，惟在今日始得为之。虽古书之未得证明者，不能加以否定；而其已得证明者，不能不加以肯定，可断言也。"陈寅恪曾经概括"二重证据法"在 20 世纪初的发展："一曰取地下之实物与纸上之遗文互相释证"；"二曰取异族之故书与吾国之旧籍互相补证"；"三曰取外来之观念与固有之材料互相参证"。"二重证据法"被认为是 20 世纪中国考古学和考据学的重大革新。

[3] 见《中山大学历史语言研究所周刊·九集》，1929 年，第 102 期。

[4][5][6][8][10][11][13][14][15][16][17][18][19][20][28][30][31][32][36][48] 朱关田总编：《沙孟海全集·文稿卷》，西泠印社出版社，2010 年，第 362 页、第 405 页、第 379 页、第 412—414 页、第 41 页、第 22 页、第 75 页、第 76 页、第 81 页、第 233 页、第 233 页、第 41 页、第 348 页、第 381 页、第 41 页、第 39 页、第 379 页、第 406 页、第 3 页、第 39 页。

[7][34] 沙孟海：《江陵凤凰山十号汉墓出土二号木牍"共侍"两字释义》，《社会科学战线》1978 年第 4 期，第 342 页。

[9] 见《考古》1983 年第四期。

[12][22][23] 李守奎：《汉字学论稿》，人民美术出版社，2016 年，第 30 页、第 28 页、第 30 页。

[24] 罗振玉：《殷墟书契考释三种》卷二《殷墟书契考释》，中华书局，2006 年。

[25] 王国维：《古史新证》，清华大学出版社，1994 年，第 2 页。

[26] 于省吾：《甲骨文字释林》，商务印书馆，2010 年，第 2 页。

[27] 唐兰：《古文字学导论》，上海古籍出版社，2016 年，第 3 页。

[29] 杨树达：《积微居金文说》，上海古籍出版社，2007 年，第 2 页。

[33] 沙孟海：《高等书法教程序》，见朱关田编：《沙孟海论艺》，上海书画出版社，2010 年，第 189 页。

[35] 见沙匡世：《沙孟海著述书刻年表举要》记：1931 年，沙孟海三十二岁于南京作《冯君木行状》。

[37] 徐正考、傅亚庶：《古代汉语》，北京师范大学出版社，2011 年，第 379 页。

[38][39] [汉] 许慎，[清] 段玉裁注：《说文解字注》，江苏古籍出版社，2015 年，第 1306—1323 页。

[40] [汉] 班固：《汉书》，中华书局，1962 年，第 1721 页。

[41][46] 李学勤：《试说张家山汉简〈史律〉》，《文物》2002 第 4 期。

[42] 张家山二四七号汉墓竹简整理小组：《张家山汉墓竹简［二四七号墓］》，文物出版社，2001 年。

[43] [宋] 王应麟：《汉书艺文志考证》，中华书局，1955 年，第 1405 页。

[44] 李赓芸有《汉书艺文志考本》未刊本，其中"六体"为"八体"之误，引用王先谦句。[清] 王先谦：《汉书补注》，中华书局，1983 年，第 876 页。

[45] [清] 王先谦：《汉书补注》，中华书局，1983 年，第 876 页。

[47] 张家山二四七号汉墓竹简整理小组：《张家山汉墓竹简·二年律令》，文物出版社，2001 年。

学术篇

沙孟海书学思想的生成
——从回风堂问学（1920—1922）说起

胡 鹏

从 1920 年 8 月至 1922 年 10 月，两年零两个月，是沙孟海在冯君木回风堂问学的时期。沙孟海二十岁出头，是学习的重要时期，有较好的知识接受能力以及活跃的思维能力，他从冯君木学习文学，并研究文字学、书法、篆刻等。在书法上对于篆书、碑、帖等除了实践以外，初步形成一些书学理念，且对他后来书学的发展有一定的影响，其中包括：文学上"以秦汉为宗，不薄近人"观念对书法的影响；文字学乃书法之基础；篆求"神气峻骨""不为偏怪欺人"；碑追"逸致"；方笔学帖。

沙孟海在回风堂问学时，在冯君木的指导下学习文学，同时于书法、文字学、篆刻等都有认真的学习与研究。这一时期是沙孟海学术的奠定期，这个时间接受的许多思想都对他后来思想的发展起了一定的影响。其书法在这时期主要学习清人篆书、北碑以及《圣教序》、黄道周等，并有了一定的认识，为以后的书法学习与研究打下了一定基础。且此时间段的许多认识深刻影响着他后来的书学思想，故而在沙孟海书学历程中有相当重要的作用。

文学上"以秦汉为宗，不薄近人"观念对书法的影响

沙孟海在回风堂时，跟随冯君木主要是研习文学，而且这个时间段他主要的精力也都花在文学的学习上，并立志于此文学的研究学习做出一番成就。他在1920年10月9日的日记中记道："往年常患不能尽弃他事以专事文学，今日既已尽弃他事可专文学矣，而所能用功了不异于畴，昔心领神会反少于前时，亦何故哉？前人所谓鸟归巢者无声，叶落粪本者不鸣，所愿既遂意满而志怠耳。"[1]1921年4月21日："文字、印章负债累累，如措身万丈渊下，

沙孟海像

顷刻不得伸眉，恨人还自恨，长此以往此身终无成就之日，思之悯然。"[2]《僧孚日录》1919年到1922年在回风堂的这几年记载最多的就是读书治文学，因为专心一处所以多了畏敬这也是人之常情。沙氏在回风堂时二十出头，对于自己的前途还是比较迷茫的，也比较忧心，所以在处理学习文学和书法、篆刻这些事情上也是不知如何是好。而在以文学学习为主的这段时间里，沙氏的书法、篆刻思想也必然和文学有着千丝万缕的联系，甚至说文学思想会影响对书法、篆刻的认识。

群珠碎

陈基

绣裌剌绣春纤长。兰膏馥鬓浥肌香。芳年艳质媚花月三春画、
红鸾鸯。翠靴踏云云帖妥。海棠露湿胭脂朵。妖情纷作蝶
惹春。剥曲翻过玉连琐。画堂一笑天沈。扬眉一笑轻千金。明珠
累累系恨心。眄睐鱼肠扫妖鸷。主翁勿惊恐似醉一宵痛哭
群珠碎。只奇骑马烟尘风吹起解使归戎。

朱素贤间见何录载此了

冯君木文学主张学习周秦汉魏文为主，皆取诸家之长。沙孟海对老师这方面的认同自始至终是没有改变的。然而这一时期，因为学习文学从而影响到他书法、篆刻的学习。1922年9月19日记载："昨为吴公阜言章太炎《洪君铭》，公阜遂走，往放写一通以归，今来视余，字画历落古拙，恍若真迹。余亦抄录一过，录已诵之，渊雅峻茂如读汉碑也。洪某不过一贾人，并未有高节，章氏此文虽亦酬应之作，然大家笔墨故不落凡响也。"[3] 文章古拙，书法也是如此。在某种程度上，沙孟海的文学观与书法观是相互影响的。这个时间段对他文学思想影响最大的冯君木曾教授沙云："生平最嗜四史，反复不厌。四史中各具面目不相雷同，吾尝各以两字评之，《史记》曰妙远，《汉书》曰通瞻，《后汉书》曰雅整，《三国志》曰精能，四史而外更能参以《宋书》之凝谧，《南北史》之疏隽，叙事文得此高矣美矣蔑以加矣。（1921年5月9日）"[4] 这也成为了沙氏此时间段，乃至一生都遵循的教言，对于文学的学习同样也是嗜于四史，在沙氏的日记中我们可以看到他很长一段时间，包括离开回风堂以后的一段时间他始终坚持点读四史。冯君木对沙氏影响非常大，再看另外两段材料：

师云：章太炎论文重汪中而不薄姚鼐，张惠言正与余不谋而合。阅章氏文录有云，上不与季康，下不与吴蜀六士（欧阳、曾、王、苏）可惊哉。章氏之言论也。章太炎以林纾与蒲松龄并论，故当又其以严又陵与林纾为伍，吾师以为殊不应尔，或者章氏有私恨于又陵而为此辞欤。（1920年9月1日）[5]

师云：汪容甫、章太炎之散文亦与方、姚诸家不同，往往转折处不用虚字。汪、章一派文字上宗《左传》，后法《文选》，方、姚一派文字上宗《史记》，后法八家，而《汉书》则两派俱不可省。师云：谈文章自以不分骈散之文为正，此容甫、太炎之所以无耦耳。（1920年9月2日）[6]

冯君木对章太炎、汪容甫以及桐城诸家是比较推崇的，同时也都能较为客观地分析他们的成果。推崇先秦汉晋之文，同时不轻后世近人之作，客观地汲取接受。这对沙氏的影响也是较大的，这种方式同时影响到了他书法篆刻的学习上。其曾讨论篆刻的学习说："刻印犹之作文，但看秦汉印谱学文专读六经、四史操笔而为之必无当也，故必借径近人。（1921年6月13日）"[7] 沙氏在此做了一个比喻，文学专读六经、四史，是不利于创作的，印初学秦汉也摸不到路。虽是言篆刻，然与书法亦是同样的道理，就像他对于周秦篆书的学习与清人篆书的学习一样（在后文有专门论述）。

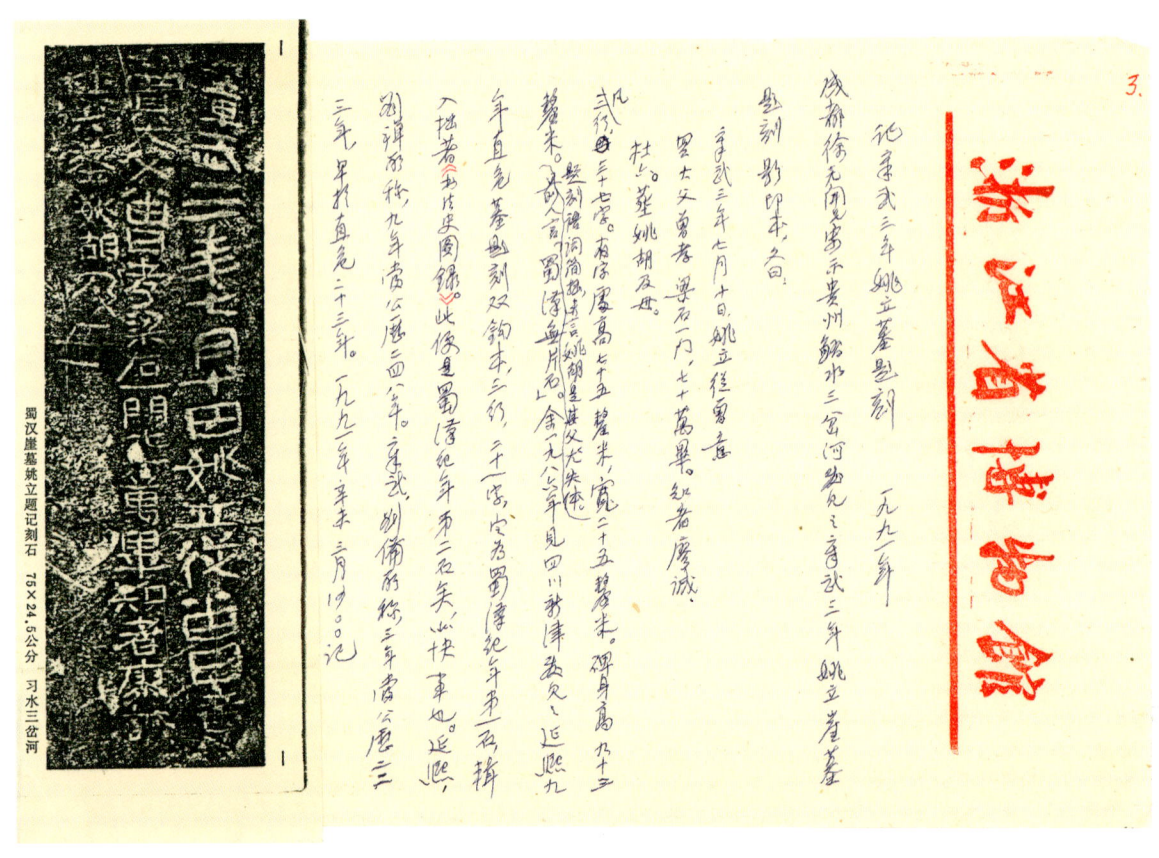

沙孟海记章武三年姚立墓题刻

文字学乃书法之基础

沙孟海在回风堂的这段时间文字学的关注也是重点，主要学习《说文》。文字学与书法、篆刻有着非常密切的关系，沙氏经常会运用文字学来讨论书法、篆刻。尤其对用字的考察是沙氏学习文字学的关键所在，书法、篆刻作品中的文字用字问题他比较关注：

秦篆多不合《说文》，"石"下"口"象形，秦篆作"凵"。"高"下"口"亦象形，秦篆亦作"凵"。"强"字从虫弘声，秦篆亦从"凵"作"弱"。秦体象形之"口"易与口舌之"口"相混者为字甚多，但举其文，形声相益者可以类推，如"石""仓""舍""足""鬲""豆""京""言""旱""富""束""员""邑""克""菫""同""回""酱""韋""或""壺""袁""喜""胄""吕"（两"口"皆象形）、"高"（亦两"口"皆象形）、"中"（从段说）。[8]（1920年9月8日）

魏"中坚将军宗山尚之钰"九字瓦印，安阳农人掘土得之，归袁克文孝质藏。按《五音集均》，钰，宝也。《说文》则无。此字此乃"钦"字之变体，河间庞氏亦有新出土"汉虎贲中郎将司马之钰"九字瓦印（两印皆见《国粹学报》），《毛公鼎》亦有"钰"字。吴清卿《说文古籀补》以为古玉器名。孙仲容《毛公鼎释文》此字未加之说，《说文古籀补》"钦"字又有做"鈺"者"玉"盖即"玉"字，观此益明"钰"与"钦"初为一字，非《五音集均》之所谓宝也。（1921年7月13日）[9]

从此两则材料中我们可以看出，沙氏虽然所用的参考书有几种，但是都是以《说文解字》为根本的。我们还知道沙氏对金石学和考古学都有研究，在回风堂时就有所涉猎，而且也多得益于对文字学和书法学的知识。"中坚将军宗山尚之钰""汉虎贲中郎将司马之钰"两印的考证是文字的考证，也是文物的鉴定。1922年9月21日在去拜访赵叔孺时见叔孺先生藏叔氏宝林钟，"曾见其拓片，按之《积古斋钟鼎款识微》有不同，盖别一器也，薛氏款识未收录。《款识》作《叔丁宝林钟》其第一行止于'叔'字，在第二行之首漫其上半字，仅见一点，故阮氏以为'丁'字。赵藏器'氏'字在首行之末显然可辨。又赵藏器第三行多福下有'亡'字，阮本阙，两器异处就记及者略书于此，它日当细校之"[10]。虽然是在讨论曾见一拓本与此钟铭文之不同，但实际上这认识的基础功夫是文字学，由此可以看出沙氏此时能较为轻松地去认识一件东西，也足见文字学对他其他学问的影响。

在回风堂的这段时间里在文字学上用功较多，其在1921年6月14日的日记中记载说："真未肯致力学问，有时治《说文》未能深讨也。"[11]而且这一段时间日记中都有记载他基本上每天都在学习《说文》。1921年6月22日记道："校黎氏《通检》一过，黎氏记《说文》次第字数常连及重文，今皆改正虽甚费时，固便于它日翻阅多也。"[12]足见其用功。沙氏除阅读研究《说文》外也检阅了许多其他书籍，如段玉裁《说文解字注》、吴清卿《说文古籀补》《字说》、刘申叔《小学发微》等。文字学的功夫使沙氏在书法、篆刻上的认识有了很多长进，由此也会因为文字的问题批评别人的作品。比如："赵叔孺篆书《柱铭》'侣'字作'佀'，于义大谬，书家固不必据《说文》耶？"[13]所以沙氏希望书法家应该是通《说文》的，不能不懂《说文》而出此大谬。再就是从文字的角度对书体演变的认识，1920年10月23日的日记：

往为谢冲尹言草书，或从真行而渐变，或直从篆籀以变，非明其变之由无以作草，徒作无为之驰骋而已，且必多为舛误。他日将广考小学金石之书，由篆籀隶书而真而行而草著其渐变之故，其不由此序列等以变者，则亦叙其原委派异。又将汇集南北碑字体依《说文》或《广韵》部分归纳并注，所出如桂未谷《缪篆分韵》者。二书若成，不特于艺林大有功即于经史亦岂无小补哉？今日见《复堂日记》杨惺吾刻潘孺初双钩《楷法溯源》从《说文》分部，集唐以前真书碑拓，体例仿翟云升《隶篇》则第二种固有先余为之者矣。其书惜不得一见之也。[14]

书体演变在明白其变之由来，文字之根本，在此沙氏立志要广考小学金石之书，弄清楚文字字体演变问题。到了1930年9月29日，他在日记中说："近来认定为学之途径，以文字学为主，以吾性与相近故也。微奉所入，拟随时购备关于此类之书籍。无锡丁氏所辑《说文诂林》首须购得，然后旁及许慎以前字书，与夫许慎此后不见采于《诂林》之书（宋元明字学书，什九未采用也）。期以三数载读阅完竣。同时着手编著《中国文字学史》，五年内当可勉强成书。"[15]可见沙氏当时的雄心壮志，而这一想法的出现并非一时的热情高涨。回风堂时期，对文字学的关注与研究是其思想发展的基础。从1920年到1930年这十年的时间，沙氏都不曾放弃文字学的学习与研究，十年前的想法到了十年后变得更加坚定。只是在1920年的时候他此处提出的是要弄清楚文字字体的演变，解决的是书法字体演变与用字的问题，同时也提到，书籍编撰成功与经史亦将有功。可惜的是沙氏的想法都未曾实现，但是他学习与实践的过程一直是受益于文字学的，1927年左右撰有《字形嬗变研究》《中国文字蜕变论》[16]，1930年曾有《隶草书的渊源及其变化》都是文字学与书法相关的论述。

在回风堂时期，其师冯君木"集金石文字为柱铭者甚多，具见联语录存中，有数联由钟鼎整饬之文缀作婉雅之辞，最有味，最非易，诸家集字所未有也。（1921年9月11日）"[17]而沙氏这个时间段为人用篆书写柱铭也较多。再就是篆《毛诗》也持续较长的一段时间，如1920年8月24日记载："夏秋间居殷吉巷曾篆《毛诗》竟十四叶而止，兹拟续为之。"[18]这里说的是对篆书的练习，同时也是在熟悉篆法，文字与书法两不耽误。所以到了1989年时在《九十感怀》中还记述："书法这门学问，倚赖于文字，没有文字便没有书法。"[19]这里也包含了沙孟海对文字学的认识，强调文字对于书法的重要性。

篆求"神气峻骨""不为偏怪欺人"

沙孟海在回风堂的这段时间，书法上写得较为出色也较为受人欢迎的是篆书。曾在《我的学书经历和体会》说他在宁波时："为了藏拙起见，我便舍去真、行，专学篆书。先父在世时，也写篆书，刻印章，我约略认识一部分篆文。家里有《会稽刻石》《峄山刻石》，书店里又看到吴大澂篆书《说文部首》《孝经》《论语》，喜极，天天临习。"[20]这大概是在到回风堂之前的学书情况，到了回风堂以后，关于篆书的学习，除了上述说到写《毛诗》和柱铭外，也经常临写《峄山刻石》《穆氏茔表》等[21]，他曾在1921年4月28日的日记中记载："去年篆《毛诗》爱用浑厚之笔，绝去近人媚冶之态，以为有似钱十兰。岁莫于伏跗室见陈孔硕书《处州孔庙碑》恍似已作，陈孔硕书盖亦学《石鼓》者，余学篆得力于《石鼓》者多，不知不觉自呈一种境象，与陈氏暗合耳。"[22] 沙氏在此言明他学篆书多得力于《石鼓文》，但又似钱坫。沙氏对于钱坫的认可在日记中也是有过记述："吾于清代篆书独尊献之，体格既整严，其用笔浑而藏，淡而矜贵。"[23] 表明他对钱坫书法的尊崇，在此提到自己的字与陈孔硕《处州孔庙碑》相似，这也是与钱坫书法有关系的，1920年12月23日记："《处州孔子庙碑》唐元和十三年韩愈撰，任连书，宋嘉定十七年重立石，陈孔硕重书。于伏跗室见其拓本，篆书凝练淳古，盖专学《石鼓》者，书又与李阳冰异法，于近人钱十兰为近，疑是十兰所自出也。"[24] 沙氏以为《处州孔子庙碑》出于《石鼓》，钱坫书风可能出自《处州孔子庙碑》，且都是凝练淳古。但对于钱坫的尊崇，还有一个重要的原因是因为钱坫是《说文》四家之一，通于文字学，这对沙氏来说也是较为符合他学习文字学和书法的心态。所以在此既说明了自己学习的篆书的脉络，也是在表明自己的学书理念，但是沙氏对于篆书的追求并不止于此。

沙氏在讨论尊崇钱坫书法时也提到了一个批评对象，其1920年10月4日的日记说：

邓顽伯篆书，安吾《书品》列为"神品"，钱献之曾讥其书不合六书，余观邓氏书笔力圆劲，自盖一代，而书体既乖，区区笔仗复何足算。故吾于清代篆书独尊献之，体格既整严，其用笔浑而藏，淡而矜贵，岂下邓氏哉。东坡云：退笔如山未足珍，读书万卷始通神。此言可为知者道之。[25]

对邓石如书法为包世臣列为"神品"是不大认同的，钱坫作为文字学家就批评邓石如篆书不通六书。沙氏称赞邓石如笔力圆劲，盖自一代，但是书体文字的问题沙氏还是很在意的。其实这个时候他是在质疑邓石如的文化水平，所以他用了苏轼的"退笔如山未足珍，读书万卷始通神"来为知者道之。过了两年，1922年9月25日记载：

夜深翻观邓山人篆书，眼明神提不欲就寝，辄取笔临《石涧记》一通，神气峻骨真不易到。往昔谓山人篆书媚冶没骨，不合六书，不如十兰端严，盖是时所见。山人书多赝品或摹刻未善者，故云尔至其不合六书，盖有时本之汉人碑额未必全属臆造，此特其小疵耳。[26]

针对之前对邓石如的认识做了反思，觉得以前的认识还是有不合理的地方，只能是一时之见。邓石如篆书的"神气峻骨"真不易到，并为其所谓不合六书也做了解释。对此在1928年所撰写的《近三百年的书学》中评述说："（钱坫）他常常批评邓石如篆书笔画的错误，说他不懂六书，邓石如的确没有小学根底的。可是小学是一事，书学又是一事，书家能兼小学，固然更好，因不能兼小学而并取消书家的资格，那也太苛刻了。""自从邓石如一出，把过去几百年的作篆方法，完全推翻，另用一种凝练舒畅之笔写之，蔚然自成一家面目。"[27]对邓石如给予了充分的肯定，也是肯定了篆书追求"神气峻骨"的重要性。笔者还翻阅沙氏日记，可以知道在1920年10月4日批评邓石如以后的三天即1920年10月7日就"临邓完白书七、八叶"[28]。整个在回风堂时期还是一直关注着邓石如的书法，曾买有不少邓石如的字帖，日记中记载说："假得邓石如篆书十五种，石刻一种，真迹一种，山人自尚玺双钩者十三种皆坊间景印。何日有暇手临一过。（1922年9月25日）"[29]并记："康长素跋邓山人篆书后云：'少温之后千年来皆作玉箸篆无一人出其范围者，至完白远师秦汉而集其成。'故吾三十岁作《广艺舟双楫》推为千年来一人。即楷书之出欧、虞、颜范围，直师南北朝亦创自先生，于书法中如佛法之大鉴，儒家之紫阳矣。（1922年9月24日）"[30]用康有为的话来表达自己对邓石如的崇敬。

在回风堂时，沙氏所见到的书法名家并不多，然有一位是他那个时间段极为崇敬的，那就是赵叔孺。同是宁波人，但是在此之时见面并不多，从其日记来看，较早一次是1921年4月15日："夫子导余谒赵叔孺先生不遇，盖已赴申矣。"[31]后来一直到1922年9月17日"与夷父、次曳诣回风堂。既出，遇赵叔孺先生，先生近以事归故里，倥偬间未及多语"[32]。1922年9月21日"夷父来，招公阜同访叔孺先生"[33]。在回风堂时期沙氏篆书效法对象中，服膺赵叔孺，曾说："在冯曼孺伏跗室见杨濠叟（沂孙）、吴愙斋（大澂）篆书柱铭，不过尔尔。乃知赵叔孺先生（时枫）之篆功力真深远矣。（1920年8月17日）"[34]因为在写此日记之前他在篆书上还是受益于吴大澂等人的，在此认为赵叔孺篆书好也是因为有所比对，这一时期眼界以及认识发生了变化，1922年8月27日记："今之作篆者无出叔孺右，并非过言。缶盦自辟一径，出以怪特，虽风靡一时，未可为训。清卿子与皆已死，吴氏端严而少逸气，杨氏秀整但伤轻弱，若叔孺者有完白之圆劲，有悲盦之秀逸，无偏无党，可谓精品矣。"[35]赵叔孺篆书兼众家之长，"无偏无党，可谓精品"，这里有提倡中道的意思，甚至在此批评吴昌硕篆书"怪"，且未可为训。也符合其老师冯君木的看法，1922年9月22日记载冯君木对他说："汝之学诗文而遇我，学刻印而得叔孺皆主张公允，不为偏怪欺人之论。"[36]的是中道思想。

沙氏在回风堂时期对篆书的认识有了变

沙孟海行书《大雄宝殿》

化，同时水平也有了很多长进，1921年9月22日记道："近日作篆须静明窗，思虑纯一，纸墨笔砚都如人意，莫能拂兴，然后书较平时为工。若匆促为之，必多败字，亦无有章法。盖艰难若此病耶？益耶？吾不得知。"[37] 焦虑与进步是同时的，在此日记页眉上眉批："此心手相会之机，益也，非病也。"也是在称赞沙氏书法提升了一层境界。1921年6月20日，他自己也曾说："写手卷柱铭篆书，时有所悟入，真书则始终如此一成不变矣。"[38] 因为专注必然是有进步的，也体现了他这一时期书法学习情况。

碑追"逸致"

在回风堂时，沙氏关注隶书不是很多，关注北碑较多。1921年5月2日记："余始学隶书，临《张迁碑》五六叶。"[39] 在此之前也确实是没有见到他说怎么学习隶书的记录。1921年5月2日："夷父新购得《夏承碑》雄浑飞逸，碑中之神品也。相传为蔡邕书，夷父谓汉碑惟《鲁峻》与相近，似《魏王基碑》从此出也。"[40] 1921年5月3日："与夸父、玉殊之市购碑帖书，《鲁峻》《张迁》《郑固》《武荣》诸景印本。"[41] 沙孟海对于隶书的喜欢是在于其雄浑飞逸之处，为此还曾批评金农，其言："周媒氏作'坟书'画粗横细，近人金冬心书相与近似，印文有此已非大雅，书之于幅益令人厌。包氏《书品》列金分书于逸品，不可解也。金书似学《天发神谶》亦殊不类，要其人画人耳，非能书者也。（1920年11月6日）"[42] 当然这也是一时之见，后来在《近三百年的书学》中这样说："近代书家中，最特别的，要数金农了，他的用笔，又方又扁，叫作'漆书'。谁都指不出他的师承来。康有为说：'乾隆之世，已厌旧学，冬心、板桥，参用隶笔，然失则怪，此欲变而不知变者。'这话固然不错，但一来有时代的关系，二来他的气味好，毕竟不能一笔抹煞他。平心地说，一方面我们该要悯惜他那'不知变'和'失则怪'的苦衷，又一方面还该赞佩他那副创造精神才好。"[43]给予了较为客观的评价，但还是没有认同他的"怪"。

葛昒与沙氏关系极好，在回风堂时几乎形影不离，沙氏日记中也屡屡提及。沙氏学习隶书受到了葛昒的影响，葛昒与沙氏同年，他们也时常一起学习书法。沙氏在1921年3月8日记载："夷父云：吾于今人书服膺者三人耳，南海、苏戡而外，太希师之碑志，二家勿能过也。"[44]康有为、郑孝胥、钱罕三人都是在北碑上有一定造诣的，葛昒的话之所以被记在日记中也是沙氏自己的心声。对于康有为、郑孝胥、钱罕三人他也是较为推崇的。曾说："访求康南海《广艺舟双楫》几一载，或自觅于甬肆，或托人购于沪市，都不能得，顷翁须自沪来，谓已为我买一本，喜可知已。此书者昔曾假自夷父而读一过，康氏论书渊博精当，诚所谓只千古而无对者矣。（1920年12月28日）"[45]对此极为称赞，随后偶引康《广艺舟双楫》论人。但也曾质疑过《广艺舟双楫》，1921年4月28日记："康长素极推张廉卿书，谓廉卿北体尽其奇，余观廉卿书实未脱除台阁气，且其功力似亦得自南帖者多。康氏之说未之敢信。"[46]后来在《近三百年的书学》中对《广艺舟双楫》给予了客观的评价："这部论书之书，闳伟博洽，也已经'只千古而无对'了！可是他的议论，也有所蔽，他有

意提倡碑学了。"并说明了康有为称赞张裕钊的原因："邓石如、张裕钊是他所最倾倒的，作书时，常常参入他们的笔意。"[47]对于康有为的书法，沙氏曾经也是较为称赞："康氏之书真不易看。（1921年5月26日）"[48]所以《近三百年的书学》中也是评价康有为书法学邓石如、张裕钊，且也像伊秉绶"潇洒自然，不夹入几许人间烟火气"，所以不易看。

对于郑孝胥，沙氏曾说："郑苏戡书取势在东坡、山谷之间，夷父谓其又带诚悬笔意，要之为宋以后书，亦能手也。（1921年5月26日）"[49]《近三百年的书学》本记有郑孝胥，后因"汉奸"之名而将他删去，其言：

可以矫正赵之谦的飘泛，陶濬宣的板滞和李瑞清的颤笔的弊端的，只有郑孝胥了。他的早年是写颜字、苏字出身的，晚年才写六朝字，他的笔力很坚挺，有一种清刚之气。对于诸碑，略近《李超墓志》，又像几种"冷唐碑"，但不见得就是他致力的所在。最稀奇的是：他的作品，既有精悍之色，又有松秀之趣。活像他的诗，于冲夷之中，带有激荡之气。别人家学他字的，没有他的襟度，所以只觉得棒棒枪枪，把他的逸致完全抛失了。[50]

对郑孝胥给予了很高的评价，并说明了郑孝胥书法的由来。沙氏学书曾被人评为过于平正，便曾言："郑苏戡谓真书至六朝人而极，隶楷相参，似奇而实正也。

孟海当于奇字上用功夫。"[51]而这奇所要达到的目的也应该就是学得那份"逸致"。在此沙氏批评赵之谦、陶濬宣和李瑞清，其在回风堂时的日记中也确实表达了对于李瑞清、曾熙的不喜欢，1921年11月14日记："李梅盦书既已满目可憎矣，然亦有根柢。梅盦死后，俗人所崇仰者有衡阳曾熙，亦复卑劣，文理未通，动喜题跋。李书《冷香塔铭》末有曾熙题记，真令人绝倒矣。"[52]沙氏对书法追求"逸致"，"逸致"可以说是洒逸之中有庄重之气，也是"似奇而实正"，是中道，因为过奇过正都是不可取的。1920年8月18日记："（钱罕）先生语余学《龙门造像》须注意于其生动处，要知古人之作此书之笔，断非近时之用羊狼毫，徒求形似，终必失之于板，甚无为也。"[53]钱罕对沙孟海的嘱咐也是要求学习生动所在，而要避免于板滞。钱罕是影响沙氏学习北碑的一个重要人物。沙氏曾评价钱罕："他对北碑功夫很深，看他振笔挥洒，精神贯注，特别是他结合《张猛龙》与黄庭坚的体势来写大字，这一境界我最喜爱，为人题榜，常参用其法。"[54]沙氏学习北碑以及对北碑的看法也主要是对"逸致"的追求，所以其曾说："余书常患平正拘畏故，时模北碑欲以矫其弊耳。"[55]

方笔学帖

沙孟海在《我的学书经历和体会》中记载："十四岁父亲去世，遗书中有一本有正书局新出版影印《集王书圣教序》，我最爱好，经常临写。"[56]后来到了回风堂，沙氏对《圣教序》的学习仍然多有用功。1920年8月22日记：

假得近人影印周文清藏本《圣教序》手临数行，并细玩其用笔，起落转折以为前人之写此似用硬豪（毫），观此本笔画去来不方不圆，若兰叶之相，折有层次、有棱角，余旧所临影印抱残守缺斋藏本（故王文勤公所藏）稍漫，不易见此妙也。梁任公所临《圣教序》用笔皆方，余始以为不欺，今由周本观之，固如是也。不过梁所临墨稍厚耳，余学《圣教序》有年，卒无当者，实系知圆不知方之故也。[57]

沙氏曾见梁启超临的《圣教序》用方笔，这是之前所未能见者，也因此能一改他以前学书知圆不知方的弊端，也是他对层次、棱角的关注，方峻的用笔也使得帖有碑的意味，多了几分雄强。1920年8月29日就说："临《圣教序》总病太圆滑而靡弱无劲，所谓疾势涩笔，心知其意而勿能行也。后假夷父梁饮冰临本参其笔意，便尔改观矣。梁所临《圣教序》故非甚妙品，而用笔最涩，适足矫余之缺点，故取法焉。"[58]梁启超所临《圣教序》也就成了沙氏的学习取法对象。再到1920年9月9日："以所临《兰亭》《圣教序》视夸父，夸父评云：他人作书患不平正，孟海则患太平正。……又云：行草用方

沙孟海行草刘长卿《送灵澈上人》诗

笔出之最难。河南本《十七帖》有之，明人黄石斋行草亦用方笔，孟海亦宜注意之。"[59]再一次认识到以方笔学帖的重要所在。

方笔学帖，似乎黄道周成了沙氏学习最佳选择对象，至此他购买了不少黄道周的帖，而且临习也比较频繁。尝说："甬人学作黄漳浦书者无虑十数辈，或为余友或为余徒皆效我而为之者也。夫子尝谓甬人士之好读汪容甫文自我始，余亦谓学漳浦书自我始也。"[60]沙氏学黄道周书而在宁波掀起了一股学黄的浪潮。

在回风堂这一段时间沙氏学习黄道周书法，其在认识上逐步发生着变化，1921年6月7日记道："见黄幼平手写《孝经》影印本，用'二王'结构而出之以苍古钦奇之笔，亦蔚然别一境界。"[61]而至1921年6月20日时则说："作黄石斋书究竟是救急之方，非持久之道，比来稍厌弃之矣。然终不能自定一种碑帖临摹之。夷父来述太希先生言谓余宜学章草与余意颇合，辄取《出师颂》临写数行，略有所领悟。"[62]但是也并没有停止对黄道周书法学习，还是时常临写。在1921年9月22日记："去岁此时方力学黄漳浦书，至于腊尽，既已神似，今年冗琐殊甚未尝临池，由己意作楷，漳浦笔意久渐失去，今日复取临之，恍然始觉昨者之非也。"[63]可以说这是沙氏学习的一次蜕变，后来到了上海接触了许多沈曾植的书法，也是以方笔为主，并受到沈曾植的影响而继续研究黄道周。同时也说明了他对方峻雄强书风的追求。

1921年7月29日："偶效东坡书，为骆生永之写笺，师见之以为变得佳好。夷父亦以为不料孟瀚学黄漳浦几一载已成枯朽，能一旦尽脱其旧且作苏书，亦笔笔着纸不犹乎常人也。余于是自信书学尚有后望,便欲从东坡上溯唐晋,尽帖学之原委。得之则为松雪、希哲。下亦不至于华亭之妄佻耳。"[64]这是沙氏在回风堂时为自己找到的又一学书路径。苏轼书法对沙氏的影响也是终其一生的。曾言:"阅《西楼苏帖》乃知东坡之书精华在此,虽宋人,故具晋唐风趣。"[65]此论一直到他九十一岁时还是认同的,尝在《临苏书两种自跋》中说:"世或病苏多偃笔,余则谓苏书韵致潇洒,得'二王'神髓。"[66]

在此时间段沙氏还学习研究过《麓山寺碑》、《枯树赋》、《道因法师碑》、钟繇书等。对《道因法师碑》的临习也是因为"黄石斋书用笔往往类小欧阳,故偶临之。石斋书法实法钟太傅"[67]。所以学习钟繇书。这样也反映了沙氏对于方峻一路的书风的追求。

结语

沙氏在回风堂的时间不长,但是这一时期是他人生较为关键的时间,正值二十岁出头,是接受知识较快、思维较为活跃的一个时间段。他每接受的一种知识都对他今后产生了一定的影响。对于书法的接受与学习,我们从上述的论述中可以看到无论是文字学,还是篆书,或者是对碑、帖的学习与认识都影响到了他后来的学习和认识。也由此短暂的"回风堂时期"对于沙氏的人生历程,尤其是学书历程来说显得尤为重要。

原载:《中国书法》2018年第9期。

注 释:

[1][2][3][4][5][6][7][8][9][10][11][12][13][14][15][17][18][22][23][24][25][26][28][29][30][31][32][33][34][35][36][37][38][39][40][41][42][44][45][46][48][49][51][52][53][55][57][58][59][60][61][62][63][64][65][67]沙孟海:《沙孟海全集·日记篇》,西泠印社出版社,2010年,第47页、第145页、第237页、第158页、第16页、第17页、第180页、第23页、第194页、第367—368页、第180页、第185页、第36页、第58页、第1339页、第228页、第9页、第154页、第44页、第83页、第44页、第373页、第45页、第373页、第372页、第125页、第364页、第367—368页、第4页、第350页、第364页、第240页、第183页、第155页、第156页、第157页、第63页、第125页、第86页、第153页、第170页、第170页、第25页、第277页、第4—5页、第125页、第8页、第15页、第25页、第163页、第175页、第183—184页、第240页、第203页、第155页、第56页。

[16][50]徐清:《沙孟海学术研究》,浙江古籍出版社,2014年,第174页、第299页。

[19][20][27][43][47][54][56][66]沙孟海:《沙孟海全集·书学篇》,西泠印社出版社,2010年,第14页、第5页、第33页、第35—36页、第32页、第5页、第5页、第205页。

[21]1921年6月17日"今日临《峄山石刻》及《穆氏茔表》都五六叶"1921年6月19日"临《穆氏茔表》都四五叶"。沙孟海:《沙孟海全集·书学篇》,西泠印社出版社,2010年,第182—183页。

学术篇

将军印的雅化
—— 以沙孟海篆刻为例

钱 进

将军印多数因"急就"特性而呈现恣肆不羁之风貌,故不断有篆刻家从将军印中汲取鲜活力量。沙孟海通过刀法、章法、印文等方面于刀工笔意间将文人雅气挥洒,使得将军印由"荒率"走向"从容",沙孟海对将军印的雅化对于当下篆刻创作有着现实意义。

关于"将军印",吾丘衍《三十五举》中第十九举提到:"汉魏印章,皆用白文,大不过寸许。朝爵印文皆铸,盖择日封拜,可缓者也。军中印文多凿,盖急于行令,不可缓者也。古无押字,以印章为官职信令,故如此耳。"[1]沙孟海在《印学史》中指出:"凿印印文有工整与粗率之分。工整者与铸印相似,其中玉印尤多工致,想必出于好手。粗率者字形欹斜,刀痕显露。如部分官印,因急于封拜,不待范铸,匆促凿成应用。亦称'急就章'。这类凿印,多属武职人员所用。"[2]将军印,属官印,战国时期就已有"将军"官名,两汉时期开始对武职细分,出现将军印,在这个阶段,将军印的风格还较为平稳端庄。至魏晋南北朝时期,战乱纷争,社会动荡不安,应统治阶级需求,出于临时拜封武官的需要,将军印数量剧增,但因军务紧急,只能草草凿制,以应告急之势,因此印文恣肆破矩、繁简悬殊,采用单刀凿刻,尽显锋芒,章法不加润饰,呈现荒率不羁、金戈铁马之貌,从篆刻艺术角度而言,代表了目前将军印的主要风格。将军印是时代发展的产物,是必然的结果,同时以截然不同的面貌来反哺印章的发展。元明时期,复古主义思潮广为流传,"印宗秦汉"的审美思想是当时印人的自觉选择,文人士大夫开始治印,因此兼工带写式的篆刻为当时主要的面貌,直至清代中后期才陆续转变,篆刻家试图推陈出新,将军印所呈现出与众不同的写意理趣被加以越来越多的关注。

20世纪,中西文化交融、新旧思潮碰撞,导致了各式各样的文化、学术、艺术等并存现象,可以说,"革命"和"转型"是这个时代的代名词。而在这新旧文化更替的阶段,沙孟海试图思考、尝试和转变以寻求中国学术文化发展道路,在《近三百年的书学》中他就认识到"艺术是有国民性和时代精神的东西"[3]。沙孟海学术视野广涉多个领域,在实际研究过程中往往将各学科知识进行贯通和综合运用。其中古典文学是他早年治学入门的基础,语言文字学、金石考古学和历史学是他依托的三大学科支柱。[4]"学问是终身之事。"[5]以学问引领艺术,以学问滋养艺术,体现了沙孟海的认知高度与学养才情。从艺术发展角度而言,沙孟海在书法篆刻艺术方面所展现出的厚度、张力以及现代性独树一帜。他能够从社会文化背景出发思考艺术本体,为书法篆刻艺术、书法教育等方面做出了突破性的贡献。近年来,关于沙孟海的研究如井喷般开花结果,尤其集中于行实、学术、书法教育等,然沙孟海何以能够超过同时代的一些书家,产生长久影响,成为20世纪标杆式的书法家、篆刻家，仍有值得深入探讨的空间。本文就从篆刻艺术角度出发，探究沙孟海对于将军印的雅化。

《僧孚日录》甲子年（1924）十一月廿一日记载，沙孟海首次将其篆刻作品呈视况蕙风，以求评正，况老赞许过后指出："惟少苍劲之气，此自有关年龄，可俟诸异日。"[6] 而后吴昌硕评沙孟海篆刻："虚和秀整，饶有书卷清气，蕙风绝赏，会之谓于近世印人神似陈秋堂，信然。"[7] 可见，在这个阶段沙孟海篆刻平正雅秀，缺少苍劲之气。得况蕙风和吴昌硕的评价后，沙孟海也试图一改自身篆刻中秀雅之貌，经一番思考，他尝试取法将军印中荒率苍劲之气："况先生属刻'背尘乃能合觉'六字（语见《华严经》），迟迟未应。今日昼间拟汉将军印为之，左右挪移，小有不妥，夜复磨去重镌。"[8] 初十日："傍晚刻况又喊名印，仿汉人，太拘谨转少神气。容平、安中、童幼善慕效，亦各持石索刻。因取刀径画，不复先以笔篆。'容平'一钮绝类汉印，草草几笔并不求工，殆所谓以意行之者欤。"[9] 可见，沙孟海已经意识到其篆刻艺术中需要精进

背尘乃能合觉（附款）

常利（附款）

的方向，审美风格逐渐转型，开始自觉尝试取法将军印。

　　正所谓"印从刀出"，没有刀法，篆刻就不成为篆刻，刀法让篆刻升华成一门独特的艺术。沙孟海强调刀法的重要性，认为刀法能够一改"匠气"而变"朴雅"："前命匠人刻绰如水晶印，虽勾画了了，总不免匠气。夜为改削一番，无复丝毫旧刀痕，始有朴雅之致。此中消息，真难以言传也。"[10] 沙孟海早年受赵叔孺的影响，用刀属于精细一路，秀丽工稳；寓沪后，拜吴昌硕为师，使用"钝刀"治印，逐渐走向浑厚苍劲一路；广泛的取法以及积极的创变，使其治印既展豪放恣肆，又兼温润含蓄。转益多师，兼收并蓄，正如他自己所说："刻印要兼师众长，不拘樊篱，久而久之自成一家面目，此则鲰生之志也。"[11] 从刀法上看，沙孟海在取法"将军印"创作时，常采取单刀直截的刻法，大刀阔斧，直冲用刀，速度极快，产生"兼工带写，天趣横生"之韵，其刀法既含灵动又展浑厚古朴，极富意趣。其所作"常利"印边款中明言"拟汉凿印"，"容平私印"亦是"草草几笔，并不求工"而成。

鄞张辟方章

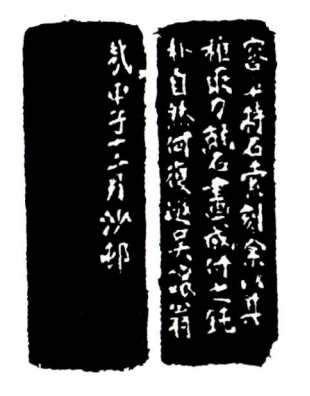

容平私印（附款）

张英田印章

说其所作逖希为谈余即回社寿父适来晡与同出逛书
肆偶晚归蒙厂君来未值太完来寿父之子望闿年以
岁好奔华圣告其母即余与刘一印寿父以语余喜其幼
而好事即磬下刘咸之寿父十时去得陈曙东书读公鼻亦
华书二时眠夜堂寒怯似早春时
八日九时起社振华旅馆贺吴家喜事 告文女孙 迓社后又辑
来课后仲弟与其叟孙张二叉来小谈即去刻印三纽其一
殊不足存庄卿珍藏四字白文及朱卖文名印三字朱文
行可朱名印乃径漠旺咸将军章中刻取二字而颠倒之
惟破西白文我则朱名印切刀别有一种境界未多
以常例绳也晚间陈露麓来小宗来尧玄后取刻印未咸
致逖希书既又以其未书曰寿父书告即日归甬矣
九日八时起晨起喫稀饭挝有味惟余常不及与餐十时许𫍯如

约在1923年间,沙孟海对"浙派"的态度从"最不与浙派"转变为"认同浙派""乃所愿,则学钝丁也"。[12]从沙孟海这一时期的印章中就可以清晰地看到他吸收了浙派的短刀碎切。《僧孚日录》丙寅年(1926)三月初八日记载,其采用切刀刻石:"朱名印乃从汉'明威将军章'中刺取二字而颠倒之,惟颇为白文,我则朱文;颇乃凿刀,我则切刀,别有一种境界,未可以常例绳也。"[13]切刀可以充分表现笔意,将金石气和书写性结合,使二者浑然一体。沙孟海运用小切刀来避免将军印过于荒率的面貌,用短线条来破冲刀,冲切结合,通过改变运刀的节奏,使得线条更加平稳、舒缓,通过理性把握,使每一刀表现得更为精准。他不仅继承了浙派的刀法,使其所刻制的"将军印"风格作品线条比较锐利、峻拔、生冷,同时他又弱化了浙派过于琐碎的刀法,不是完全意义上的此起彼伏的、有波浪式的节奏,而是强化了对于刀的理性控制,保留了线条苍茫之韵,把生冷变成一种优雅。相比"急就",取而代之的是一种"从容"和"书卷清气"。

"鄞张辟方印""张英田印章"为拟五

于越频海之民(附款)　　　　　　金华金兆銮之章(附款)

字凿印,"背尘乃能合觉""于越频海之民"为六字印,"金华金兆銮之章""临川双清止澂章""愿与梅花共百年"为七字印,沙孟海不局限于将军印"普遍性"的字数,选择多字入印体现其非常强的临创转换能力。就章法而言,将军印因"急就"所产生的大小字之间相交错的格局、虚实相生的构成,增强了章法上的随机性,但也因随机使得将军印的精品很少,多是为了急就而匆忙治印,这也为写意印风的发展觅得契机。"胡适之印章""张宗祥印章",此二印相比起齐白石大道纵横、疏密对比极强、更偏重于"图式感"的将军印风作品,绘画图式感没有那么明显,但恰到好处,体现出中和之美。沙氏保留了多字印布局,保留了汉印的风格,保留了十字界格,使得将军印章法展现的随机性分割转变为有秩序的空间分割。与此同时,"有殷勤之意者好丽"印采用了极为少见的横式排法,弱化了多字印中字与字上下之间的联系,强化了字与字之间的横向联系,这使得印面更为雄强《僧孚日录》乙丑年(1925)二月十三日记有"殷勤好丽"印刻两方的始末:"所刻'有殷勤之

临川双清止澂章(附款)　　　　　　　　愿与梅花共百年(附款)

意者好丽'一印师绝爱之,谓凡余所为刻诸石,无过此者。蕙风先生见之以为将赠己,喜甚。笔之札记谓:深得汉法,有劲、润、韵、劲、靓五字之妙。后知此印乃为木师刻,师又不肯转以相贻,因令仿前作再刻一钮。其手札云:当赋长调题大著印谱,余为狂喜,即夕走刀成之。两印固难别高下也。"[14]第一方印边款记:"《韩诗外传语》,木师命刻。乙丑二月,文若。"第二方印的边款载:"君木师以韩婴《诗传》语令刻小印,蕙风先生见而称善,属仿前作,遂为此语治第二印。乙丑二月文若并记。"吴昌硕赞:"受天之性云云,次之并谓余于此道已'站得住'。凡艺事欲当得起此三字,正未易也。"[15]第二印和第一印相比,上下界格更为明显,印章下方有明显留白,立体感更强,横式更为开张,更具将军印之金戈铁马、从容纵横之气,也更具典雅之意。不仅如此,沙孟海的篆刻注重字法的运用与笔法的变化,许多结字重心变低,更强调"书写性",更多的是用文在篆、用文在刻,这也为当下学习将军印者提供了一个新的范式。

沙孟海对于篆刻的文辞内容颇有选择,

胡适之印章

张宗祥印章

有殷勤之意者好丽(附款)

在《沙邨印话》中他就提出："印学有三要，曰识字，曰辨体，曰本学，而刀法不与焉。明习六书，默识旧文，诊其变化，穷其原委，识字之事也。前代玺印，各有体制，取法乎上，不容牵绳，辨体之事也。造意遣词，必于大雅，深根宁极，造次中度，本学之事也。不求此三者，徒龂龂于刀法之微，是谓舍本而逐末。"[16]沙孟海拓宽了将军印的入印文辞，不仅仅局限于汉魏时期以官职入印。"背尘乃能合觉"印，内容出自《华严经》："众生迷惑，闷于相中，背离真觉而合尘劳，故而显发尘劳，有世间相。"迷途知返，返迷归悟，志求解脱，便成佛成圣，通过修行之后，显发本性后，将心安住于觉知，由始觉与本觉相契合，修道就是"背尘合觉"。"愿与梅花共百年"是用诗文内容入印，体现了沙孟海对将军印的理解与生发。"有殷勤之意者好丽"印，正如沙孟海所记："世说入印，虽不古见，然足以寄托怀抱，固雅人深致也。"[17]内容出自《韩诗外传》："师襄子曰：'敢问何以知其文王之操也？'孔子曰：'然。夫仁者好韦，和者好粉，智者好弹，有殷勤之意者好丽。丘是以知文王之操也。'"[18]主要讲述孔子向师襄子学琴的故事，意在点明修习过程是枯燥且乏味的，通过多次学习，来修心、修德以达更高的境界，这是古代贤哲修身悟道的过程，可见冯君木不仅仅教授给沙孟海以学问，更教授了修身悟道的途径与方法。

边款亦是将军印随时代发展而雅化的表现方式之一。沙孟海认为："印款词句也必须研究，小小天地，不允许多说废话。这好比画上题款，要简练清隽，耐人玩味，印款文辞与书法的精美，也有助于增加印章的艺术价值。"[19]沙孟海在边款形式上，大小字形穿插避让，章法变化丰富。沙孟海以刀代笔，将手札中的章法在金石边款中不经意间自由生发，几乎每一枚印章边款都具有书法的章法图式构成意识，这点在其多字边款中尤为显著。在印章边款中，"教正""刻奉""命刻"等大量敬辞的使用，体现出沙孟海对书仪制度的熟稔与恪守。此外，边款中的文辞内容是具有价值的史料，有纪事志实之用，也都极具韵味、高度凝练，

有殷勤之意者好丽（附款）

突出了"从容典雅"之韵。沙孟海不仅用楷书入边款，在"于越频海之民"印中还使用了隶书入边款，刻"孟海急就"四字，趣味增生，展现了文学性与艺术性的高度契合与统一，体现出沙孟海的学养才情。

"工人之印以法论，章字毕具，方入能品；文人之印以趣胜，天趣活动，超然上乘。"[20]沙孟海有意识地控制刀法的规范性和章法的有序性，逐渐削弱随意性和不确定性，使得将军印脱离了荒率粗野而走向从容雅趣。沙孟海对将军印的临摹与生发，不仅仅局限于改造传统、变化传统，还体现在他的临摹与创新的方法上折射出的与众不同和超脱的能力。他的每一方印章都是吸取了将军印的特色，但又弱化了匠气，将其内心世界对于艺术的冲动、与他独特的领悟能力和联想能力，操刀刻石后，自然而然地生发在每一方印章中，可以说是"游艺雅趣"的表达，强化了其将军印风创作的艺术性和文学性，更是实用性与审美性的结合。在这些印章里，"荒率"不再单独存在，而是与诗意、思辨、从容、典雅共存。沙孟海通过取法将军印中独有的不羁面貌使自身篆刻妍秀中见雄强，从而呈现出"中和"之美，是对将军印美的一种改造与转换，亦是对将军印在近现代再发展路径的探索。沙孟海在刀工笔意之间将文人雅气挥洒，以学术滋养艺术，这对当下取法将军印者的临创转换有着借鉴意义。

原载：《中国书法》2024年第9期。

注　释：

[1][元]吾丘衍：《学古编》，韩天衡主编：《历代印学论文选》，西泠印社出版社，1999年，第16页。

[2][19]沙孟海：《印学史》，西泠印社出版社，1999年，第23、84页。

[3]沙孟海：《近三百年的书学》，《沙孟海全集·书学卷》，西泠印社出版社，2010年，第39页。

[4]徐清：《沙孟海学术研究》，浙江古籍出版社，2014年，第391页。

[5]沙孟海：《与刘江书》，《沙孟海全集·书学卷》，西泠印社出版社，2010年，第277页。

[6][7][8][9]沙孟海：《僧孚日录》，《沙孟海全集·日记卷2》，西泠印社出版社，2010年，第736、740、742、744页。

[10][11][13][14][15]沙孟海：《僧孚日录》，《沙孟海全集·日记卷3》，西泠印社出版社，2010年，第815、807、977、778、783页。

[12]林小桃：《崇"思离群"慕金石拙——浅论沙孟海对浙派的观点转变与影响》，《中国书法》2018年第18期，第72—75页。

[16][17]沙孟海：《沙邨印话》，《沙孟海全集·印学卷》，西泠印社出版社，2010年，第201—202、203页。

[18]韩婴：《韩诗外传》卷五，台湾商务印书馆，1983年。

[20][明]朱简：《印经》，韩天衡主编：《历代印学论文选》，西泠印社出版社，1999年，第141页。

学术篇

天涯相望石荒友
——易均室与沙孟海交游始末

王罘堂

易均室先生娴于辞章,雅擅书画,于印学尤有心得,是活跃于民国年间的著名金石文物学者,与当时的诗文大家、书画翘楚、印坛巨擘都有很深的交谊。其中与沙孟海先生的相识、相知、相遇,颇有些因缘际会的传奇色彩,数十年之后,沙先生还特意嘱托友人往成都寻访,此中情谊非比寻常。

易均室先生作为民国时期一位学养十分全面的学者，在诗、词、曲、书画、金石、篆刻、古文字、古籍文献、文物鉴藏等诸多领域都有非常精深的造诣，是当时颇负声望的学问大家（图1）。相与交游者皆并世耆宿俊彦，诗古文辞方面主要有程颂万[1]、林山腴[2]、王孝煃[3]、章士钊、马一浮、乔大壮[4]、潘伯鹰等；琴曲乐学方面主要有徐元白[5]、徐文镜[6]、陈尧廷[7]、裴铁侠；书法绘画方面主要有黄宾虹、沈尹默、谢无量、林散之、沙孟海、董寿平、徐松安[8]等；金石文字方面主要有叶玉森[9]、马衡、寿石工、王献唐[10]、徐中舒[11]等；文物鉴藏方面主要有王襄、秦更年[12]、曾祐生[13]、徐鸿冥[14]等；至于印学方面，则更为广阔，其三百余方自用印鉴，镌者不仅包括西泠印社创社元老吴石潜、丁辅之、王福庵，还有唐醉石、赵叔孺、方介堪、李尹桑、沙孟海、易大厂、蒋维崧、徐星州、周菊吾、邓尔雅等三十多位大家，这样的规模和层次，在印学史上恐怕无人能出其右。遗憾的是，就是这样一位本该在学术史上占有重要位置的学者，因为种种原因，至今仍鲜为人知，甚至连生身之地的故乡竟然也无法辨识真身，[15]实在令人唏嘘扼腕。

图1 潜江易均室先生（1886—1969）

一、易均室其人：世间不可无

易均室先生（1886—1969），名忠箓，字均室、灵均、箓伯、仙侣，号稆园、旅叟、病因生、病因外史、芦西亭长、缩秋词人、沧浪散人等，斋号有静偶轩、缩秋榭、十清宧、芦西亭、濯月廊、柏风草堂、沧浪一舸、天均之室、烟霞堆里吟屋等，清光绪十二年（1886）正月十一日[16]出生于湖北潜江一个殷实的耕读之家，1969年3月1日[17]卒于成都玉泉街69号家中。其先世迁自江西，均室先生为当地第十六世。

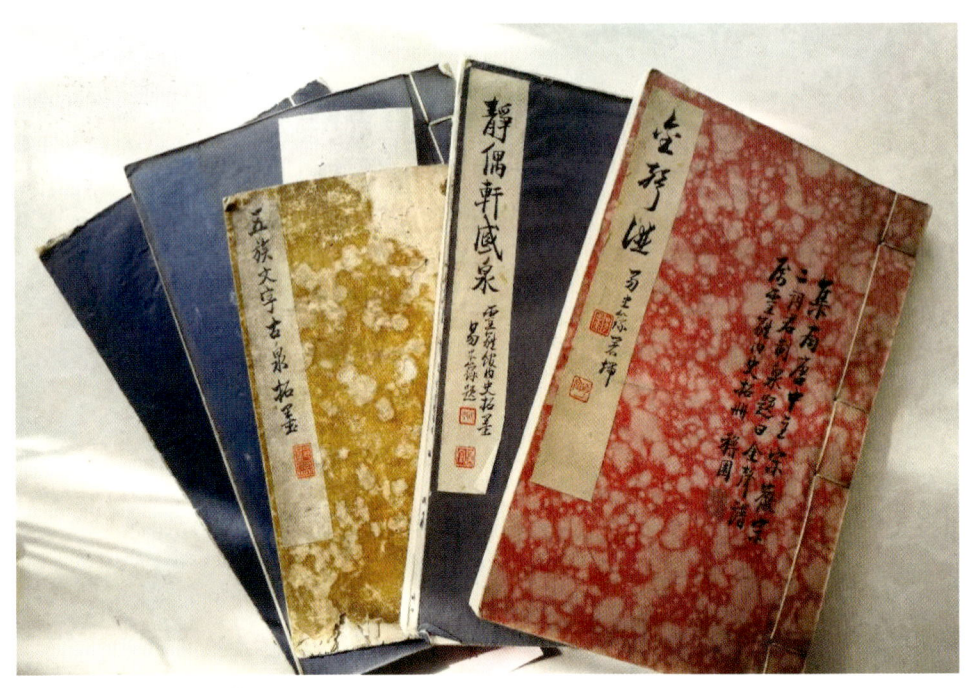

图2 易均室先生部分著作

先生幼聪慧，以县学附生考入武昌经心书院，1905年官费派往日本早稻田大学留学，毕业于政治、文学两科，1911年回国。留日期间"经同乡李书城介绍"[18]加入同盟会，辛亥武昌起义时，在潜江率众响应，"使潜江成为湖北最早降下龙旗的县之一"[19]，后被举为县议会议长。袁世凯筹备帝制期间，因身隶国民党籍，曾遭通缉。此后，历任护国军湘西防务督办公署顾问、湖北省议会议员等职。讨袁事息后，因不堪政界贪弊污浊，"遂乃毅然决然不问政治中事"[20]，转向考古艺术与古籍文献的研究，避居乡间达十年之久。

1928年初，应湖北省主席张知本之请，出任湖北省立图书馆馆长，[21]1929年因教育厅厅长易人，交谢馆职。随后创办"艺甄社"及《艺甄》月刊，并先后任教于湖北省立第一女子中学、私立武昌文华图书馆学专科学校（今武汉大学信息管理学院前身）、私立武昌艺术专科学校（今湖北美术学院前身）。抗战爆发后，漂徙川陕，历任国立西北大学、国立西北师范学院、国立湖北师范学院（今湖北大学前身）[22]、国立四川大学、私立成华大学（今西南财经大学前身）、私立西南学院（今西南政法大学前身）等校教授，1952年被聘为四川省文史研究馆馆员，系首批馆员之一。

易均室先生是一位典型的传统学者，治学严谨精深，博学宏通，仅目前所见，其著述文章就达六十多种（篇）[23]（图2）。

金石文字方面主要有：《金石微初集》、《古籀诠中》四卷（后改名《古籀笺补》）、《寰宇贞石图分类目录》、《殷契拓册》、《稆园十二础拓》、《说文部首形系》一卷、《李北海书碑年略》一卷、《焦山周鼎铭考释》、《三游洞题名考》、《西门豹碑考》、《朝侯小子残石跋》、《鹄矶印摭》四种、《文何印萃》、《赤文青简》、《铁书过眼录》、《稆园印鲭》四卷、《均室鉨印》二卷、《明清名印集拓》一卷、《鄂中先哲印集》一卷、《锦里篆刻征存》二卷、《铁书最录》一卷、《今印摭余》等；文物鉴藏方面主要有：《静偶轩藏古泉录》四卷、《静偶轩集古录》四种、《古匋甄》、《古泉甄》、《古印甄》四卷、《古琴存》、《古兵留真》、《金声谱》、《印录》、《武昌砖甄》、《武昌城砖图录》二卷、《安阳考古记》一卷、《艺甄扇面集》、《墨苑碎金》、《邛窑青瓷拓本》、《新绛帖目录》、《译日本两书目志》、《百年来艺海扬尘录》二卷等；文学诗词方面主要有：《稆园诗文稿》二卷、《隔云集》一卷、《沧浪一舸词》一卷、《静偶轩题跋》二卷、《静偶轩题画稿》、《稆园题跋》二卷、《静偶轩偶语》一卷、《八代诗选述旨》、《唐诗选述旨》、《稆园论画绝句诗》一卷、《乐学三字韵》一卷、《均室文稿》等；其他还有《金石学讲稿》、《词曲讲稿》、《中国美术史讲稿》二册、《明代书画史稿》、《稆园辞鲭》等。

西泠印社创社四君子之一的王福庵，为其治印多达四十六方，在"晴窗日日拟雕虫"一印边款中言"均室道盟人品诗词似南宋白石道人"[24]，"精研三代文字"[25]；沙孟海《沙邨印话》（图3）一百一十四条[26]，道及均室先生的就有十三条二十六处之多，在论其搜罗印石、刊布流传之功时，大赞"世间不可无易均室"[27]，"易先生如清之汪秀峰，而识见过人"[28][29]，更言"治近现代印学史，不可不知易均室"[30][31]，可见其在友人心中的位置和分量。

二、金石缘深：逸仙之章石荒名

均室先生与沙先生的相识源于一方印章，此事沙先生在《沙邨印话》中有详细记载：

癸亥为道希刻名印，拟汉五字章，旁款作《李仲璇碑》字体，忘之久矣。己巳秋客广州，于蔡哲夫（守）坐上见潜江易均室（忠箓）所选明清诸家印，凡一厚册，是印赫然在其中，蔡、易两君徒见其款署"石荒"，不知"石荒"为何人也。道希以丙寅游粤，明年入鄂中，遘乱，尽丧其装箧，是印乃展转入于易君之手，又展转入于作者之目，不可谓不奇。当均室不知余时，方且疑余为古人，余别道希三载，见其私印已为好事者藏弆，亦几几疑道希为隔世人矣。均室以为是刻深入两京，而无时人习气，则不敢当。

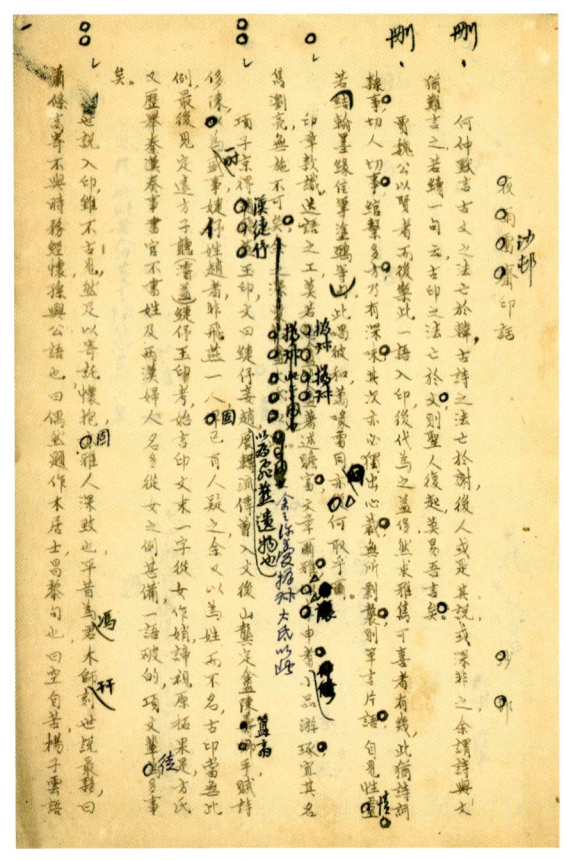

图3　沙孟海《沙邨印话》手稿选页

"道希"即陈道希（1907—1998），女，浙江宁波人，原名陈秀霞，因受孙中山革命影响，后改名陈逸仙、陈逸、陈修良等，"道希"系从沙先生学书时，为其所取的字，后为沙先生弟妇。曾任中共江苏省委妇委书记、南京地下市委书记、上海市委组织部副部长、浙江省委宣传部代部长等职，晚年为上海市政协常委、文史委员会副主任、上海社会科学院党委顾问等。

陈道希于20世纪20年代初在宁波竹洲女子师范学校读书，因同班蔡姓同学为沙先生弟子，亦得介绍拜入沙先生门下。1925年五卅运动爆发后，陈修良在竹洲女师组织响应，被校方除名，后辗转杭州、上海，1926年8月与沙文求结伴赴广州，1927年随中共青年团中央书记李求实赴湖南长沙，1927年4月调往湖北汉口，任向警予秘书。《沙邨印话》中的"丙寅赴粤"即指1926年事，当时沙先生在上海修能学社任国文教师，住在戈登路715号，[32]临行前，"沙孟海端坐藤椅中，沙文汉和陈修良站立两旁，在'若榴花屋'前合照了一张像"[33]。1927年"宁汉合流"后，大革命转入地下，陈修良此时已由向警予介绍转为中共正式党员，因此"遘乱，尽丧其装箧"，沙先生"癸亥为道希刻名印"[34]当即在其中。

均室先生在《黟山人黄牧甫先生印存》跋中曾言，"余交问经二十载，曩客燕台，为治十印兼惠篆籀，宛然诗礼家风"[35]，"亦乞问经为制一印，曰'私淑黟山'"[36]。"问经"即黄问经，名廷荣，号少牧，黄牧甫长子，自幼随其父左右，能绍家学；是跋署款"乙亥上巳"，也即1935年，据此推断，均室先生自1915年即与黄少牧开始有交往了。"外舅万公藏印为余导师"[37]，跋中又言"并世篆刻之累累，吾沧浪一舸，盖自识外舅万季海先生示以黟山印拓始"[38]，"壬戌之秋，晤谢研谷善贻于十发翁鹿川阁座上，知有印癖。次日，持季海先生所摹黟山诸石示之"[39]，"壬戌"为1922年，显然均室先生至少在1922年以前即已结识万季海先生，并得尽观其"所摹黟山诸石"[40]。

万季海，名隽选，季海系其字，浙江瑞安人，清末在湖北新军中任职，生卒不详。印学史中虽不见其名，但均室先生弟子何挺警在其所藏《稆园印鲭》[41]"人之砥锡"印下手批"万季海先生从黄仲弢学使来鄂……鄂中知学黟山，实先生倡导也"[42]，于推介黄牧甫甚有功。黄仲弢即瑞安黄绍箕，黄体芳子，1907年任湖北提学使，精金石鉴赏，为万季海舅兄。[43]万季海与王福庵、唐醉石皆为旧交，唐醉石1939年在其所刻"和平"一印上曾补款："亡友瑞安万季海劬古工印，独心契黄牧翁……"[44]何挺警所批"人之砥锡"一印，即万季海摹自黄少牧，"全仿黟山"[45]，神形兼具，"已乱真"[46]。据此不难窥见，万季海在印学尤其是黟山一派上是有不凡的造诣和体会的。1927年万灵蕤夫人归均室先生时，更以家藏印石为滕，非好此道入骨入心者，不会有此风雅之举。此后，翁婿之间的切磋讲益，自然较前更进一层。均室先生在是跋中又言，"所识海宇印人，半黟山门下士"[47]，"既乃为识一印曰：'悲庵之学在贞石，黟山之学在吉金；悲庵之功在秦汉以下，黟山之功在三代以上。'余极服其语"[48]，"又尝嘱内史灵蕤从友人王福庵问印学，则知皖宗自完白山民平削以来，悲庵博以冲，黟山通于切"[49]，可见，均室先生此时在印学上的交游已非常广阔，不仅深入黟山堂奥，也非常关注出于浙派的赵之谦一脉，更溯流探源，明辨各家之所由来，识见已非寻常，因此也才敢对署款"石荒"之印有"是刻深入两京，而无时人习气"的评断。加上这一时期又先后任湖北省议会议员、湖北省立图书馆馆长，"一意搜求考古艺术资料与书籍"[50]，并"在武昌平阅路开了一家古书店"[51]，"是印乃展转入于易君之手"也就不难理解了。

均室先生与蔡哲夫先生何时订交，暂不可考，但至迟在1928年秋，二人即已熟识。[52]1929年8月沙先生应中山大学之聘，于是月31日抵达广州，次年1月2日在广州八旗马路革命纪念会古物书画展览会上第一次遇见蔡哲夫,但"匆匆未及多谈"[53]。此后函牍往还,互有馈赠,2月1日二人再次会面,"同往越秀南路治河委员会看林直勉……是日在哲夫许看赵凡夫印谱"[54];其后,又曾往"蔡哲夫许见其友人易均室所藏明清印刻钤存一集"[55],到8月16日,就"晨发上海,附特快车行,午后一时许抵杭"[56]了。1930年9月30日,沙先生在杭州"得蔡哲夫、王启之并稚颐十七号书……哲夫今日书来,并录示易君致彼书……哲老好事,今日并转来易君所藏明拓阳冰书《栖先茔记》影本,又易君书赠篆书联一偶(别寄,尚未至)"[57],次日"易均室篆联递到,小篆为十兰体,极有功夫"[58]。但不知什么原因,沙先生并未给均室先生回信,是年11月17日,中间人蔡先生又专程致信:"孟海道兄侍右:九月廿四号挂号寄易均室篆联一联、纸一册、纸四并节录均室来书语及明拓《先茔记》景本等,计可早到,未知已挥寄均室否?"[59]1931年3月19日,沙先生在南京"得易均室汉口书,寄贻金石小品拓片多种,颇可玩"[60]。据此推测,二人不由中间人转托、自由通信约在1930年末或1931年初。

三、汉上初识:神交八年会云松

大约有八年的时间,二人虽然"书信相往来,交流印学,语不及他"[61],但一直未能见面,直到1938年初沙先生随"中英庚款董事会迁汉口"[62],《沙邨印话》载:

> 余因哲夫而得均室,遇合之妙,前已详之。自是书问往复,神交且十稔。余行脚靡定,又懒答书,中间相失者亦三四载。丁丑或传余客长沙,均室寓书存问,縢以墨本数事,余实未入湘也。戊寅避寇汉上,见市肆曰云松馆者,其额均室笔也。就问均室所在。主人谢不知,谓"比邻凿山骨斋或知之"。进复迹之,则曰"昔常过此,今反潜江矣"。诘其闾巷,亦弗能对,第言"异时或再至,必以相告"。居久之,均室果偕武昌徐松岩(石)来。江关倾盖,相见狂欢。乌乎,以余懒侻,落落寡友生,既得之,渐复失之者众矣,独于均室若得若失离合曲折如此,殆亦有金石缘耶!

中英庚款董事会是1931年4月8日在南京成立的,董事长为朱家骅。沙先生在南京中央大学任秘书时,同时也兼办校长朱家骅私人翰墨文字,之后又随其任教育部秘书、交通部秘书,"(1936)五月,至中英庚款董事会任干事"[63],"(1937)年底离杭州,经南昌、长沙至汉口"[64]。均室先生可能得到了沙先生"客长沙"的消息,因此"寓书存问,縢以墨本数事",可是沙先生其实只是路过,"实未入湘",二人还是未能联系上。一直到1938年2月,沙先生"至汉口中英庚款董事会复职"[65],才有后面的"相见狂欢"。

从1930年在广州"因哲夫而得均室",到1938年二人相见,真的是"神交且十稔"。1930年8月,沙先生因要照顾家人,"辞去中山大学教职北归"[66],其后辗转杭州、南京、南昌、长沙、汉口等地,先后担任两浙盐运使公署盐政史编纂(1930年8月)[67]、南京中央大学秘书(1931年初)[68]、教育部秘书(1932年3月)[69]、交通部秘书(1933年1月)[70]、中英庚款董事会干事(1936年5月)[71]、浙江省政府秘书处秘书(1936年12月)[72]、中英庚款董事会干事(1938年2月)[73]七个职务,迁居南京同贤里(1933)[74]、狮子桥梅溪山庄(1935)[75]、杭州佑圣观路(1936)[76]等处,真的是"行脚靡定",加之"又懒答书",因此"中间相失者亦三四载",时间大约是在1934年至1937年。

"云松馆",目前已不可考,但"比邻凿山骨斋"却有迹可循。抗战时,重庆有"巴社",辑有《巴社印选》,其社员中有武昌人陈敬先。据《归期未有——巴社印人综述》一文:"陈敬先(1898—1952),湖北武昌人,曾名敬安,堂号为凿山骨斋,青年时期经黄松涛介绍,拜著名篆刻家盛了庵为师,早年在汉上印坛已富声名。在汉口开有凿山骨斋,出售文房用品及自治印泥。"[77]陈敬先后人亦证实,"凿山骨斋"不仅系其斋号,亦为其所开店铺之名。[78]陈敬先工篆刻,且在同城都开有文玩店铺,应与均室先生相熟,遵"必以相告"诺,二人遂得相见。

图4 沙孟海刻"静耦轩夫妇心赏之符"

图5 沙孟海刻"易忠箓金石年"

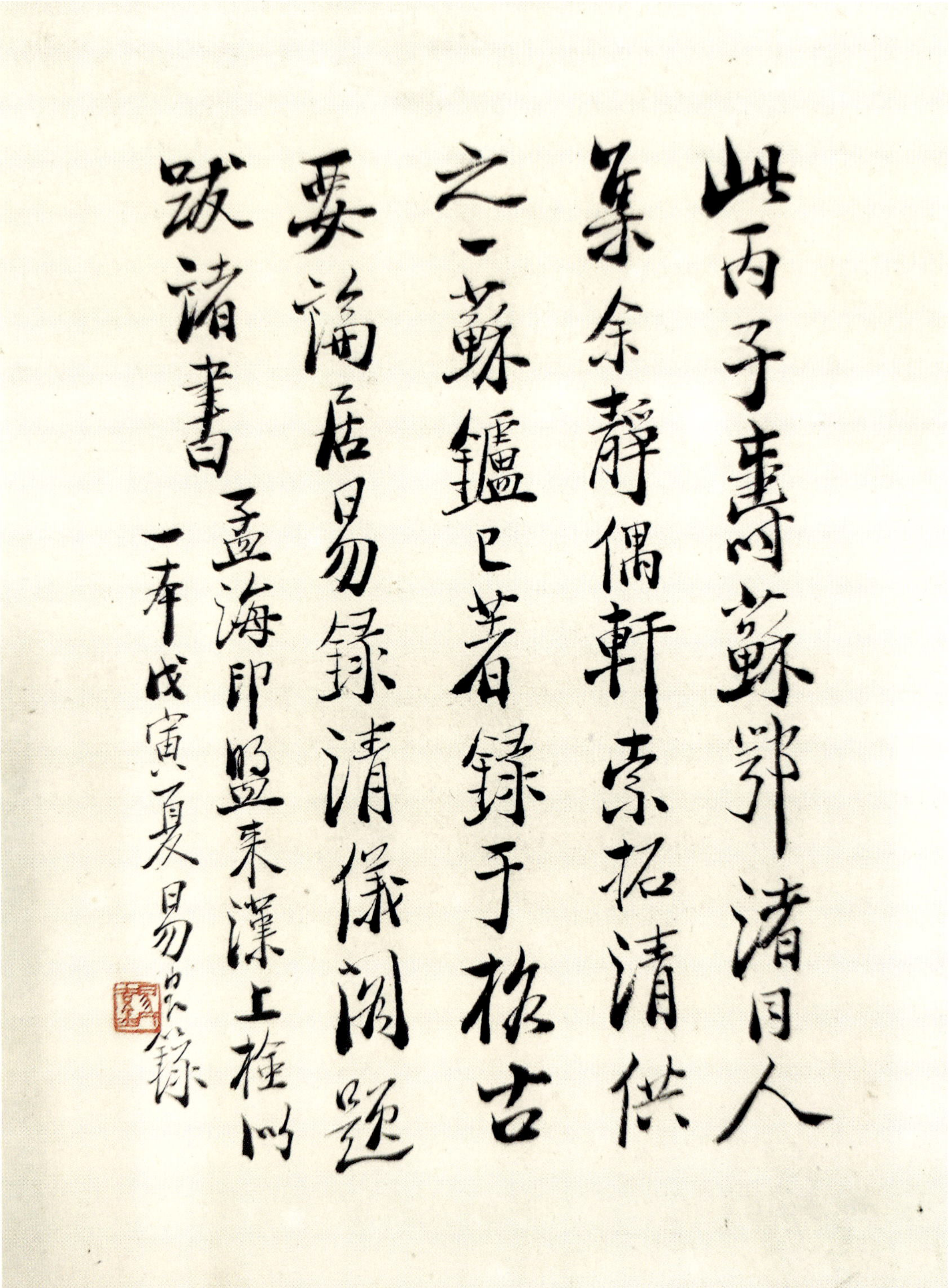

此丙子壽阿蘇鄂渚同人集余靜偶軒東拓清供之蘇鑪已著錄于格古要論居易錄清儀閣題跋諸書孟海印盟束漢上徵以一本戊寅夏易忠籙

图6 1938年夏，易均室寄给沙孟海全形拓上的题款，有"孟海印盟来汉上"语

二人相见的具体日期，虽然没有记载，但可大致推断出来。《沙邨印话》言"既值余，便索治两印，程期成之"[79]，刻的这两方印，一方是"静耦轩夫妇心赏之符"（朱）（图4），一方是"易忠箓金石年"（白）[80]（图5），前印有五十八字长款，署为"戊寅五月"，后一印未见边款，"戊寅五月"在1938年5月29日—6月27日；《沙孟海遗墨》中又有"答易均室"一纸，言："均室先生足下：江渚倾盖，欢若平生，析疑赏奇，乱离中第一快事。辱手书……"[81]是札注明在"廿七年四月"[82]，即1938年4月[83]；由此观之，二人见面的时间至迟不会超过1938年4月。（图6）

四、渝州再逢：兵火劫中慰平生

1938年9月，沙先生又"随中英庚款董事会迁往重庆"[84]。均室先生也于"二十八年春，到重庆住友人家中"[85]。得知均室先生到重庆后，沙先生马上写了一封信：

稆园先生道右：

敬审文从抵渝，抃慰无尽。一时远辱枉存，适已赴会，失候至歉。兹拟于本星期日（廿三日）约诸同好餐叙，即为公洗尘。除唐醉石外，尚欲招何人，乞先示及，以便照约，幸甚（俟定座后，再将时刻地址奉告）。蜀人乔大壮为亡友任董叔旧交，董叔在世时，极称之，顷闻亦在渝上（闻住青年会），公

识其人否？忆黄穆翁印集，有渠撰传，自书之，其文其书皆雅俗可喜，醉石当识其人，或可托醉石转邀也。徐松岩辈今安往？川楚间尚有可与语此者否？别来数月，曾添几则印话，内有道及尊事者，它日当奉教。匆匆，敬颂

近绥，不一

文若叩头

四月十九日

此札虽未署年份，但"二十八年"即1939年，4月23日也确实是星期日，与札中的"本星期日（廿三日）"及落款日期"四月十九"都能吻合起来，可以确定写信日期即是1939年4月19日。聚会日期后来改在22日，[86]《沙邨印话》有记：

己卯上巳，与均室要约渝州印人数辈，小集涪内水上。宿雨乍收，风泽净旷，林峦浦溆，点碧沃赪，如展宋人青绿长卷。投闲谭艺，浑忘身世。时倭已薄岳口，均室方避地到此，谓获此良晤，可慰调饥。华阳乔大壮（曾劬）以病腰未至，翌日，均室写示一律，叠前韵云："朝传日给新封帖，昨想鹿门得扣庞。劂肾几能留积涠，抟沙应许对明釭。暂忘身世羁何苑，信美江山识此邦。徒倚危阑照杯盏，不惊空外见云幢。"大壮和云："题襟事在逢柯古，举盏诗成吸老庞。故国江湖开粉本，行縢环秘映珠釭。雪泥那计东西迹，笔阵真方大小邦。一片巴山留夜雨，他年心影付幢

幢。"录之以为异时之拊掌。

应该是在聚会之后，均室先生特意去看望了乔先生，乔先生感激之余，当天"伏枕上"[87]给均室先生写了一封信："承枉过，佩慰佩慰。积绪千万，莫绅一丝。方欲于沙公（今日）会次一论，而腰疾再作，至不可任，醉石先生处乞为致佩候言，沙公前尤恳代述谢怀，稍愈当趋候耳。专谢，祗颂著安。"[88]次日早晨，均室先生收到信，"写示一律"，此诗《隔云集》中原题为："石荒招饮江楼，大壮以腰疾辞不至，叠庞字韵简大壮。"[89]"简大壮"的同时应该也寄给了沙先生。其后，乔先生又和了"题襟事在"一首。值得注意的是，《沙邨印话》中有"叠前韵"语，其中又有一段故事，《沙邨印话》同样有载：

> 均室避地渝州，题长沙唐醉石（源邺）坐上青田石一律云："从溯巴賨硌确江，华风三接展眉庞。看云可借游仙枕，罗石定明花乳缸。蟬箧依亲原共命，蚕丛凿画且为邦。相携仍拂前尘影，剩说楼台各有幢。"初，杭王维季（禔）尝取三桥语为均室署榜，曰"印起楼台"。醉石则积罾印所入，果起楼于金陵。两人者每以楼台虚实相尔汝。及避难抵渝，则醉石之楼存毁不可问，而均室印上楼因皆附装以西，未之或失。两人相遭又大噱。末句盖谓此也。

"叠前韵"及"叠庞字韵"即指此。

原来此前均室先生曾倩王福庵"取文待诏语为署榜曰'印起楼台'"[90]，"荒园、池馆诸印，皆属意造"[91]，并非实有楼台之谓；而好友唐醉石"以治印所入，得营白下园亭"[92]，则是真真切切地造了楼，日人进犯，"醉石之楼存毁不可问，而均室印上楼因皆附装以西"，故作此诗"戏语相傲"[93]，沙先生亦"录之以为异时之拊掌"。

隔了几天，均室先生往沙先生府上拜访，未遇，因此沙先生在4月28日写了一封信，表示歉意：

> 均室先生道右：一时失迎，至歉至歉。留示手教并新诗均已拜读，绵邈要眇，眼前绝唱也；《过眼录》留卌纸，馀悉奉上。又两小石亦附呈，可转付它友治之。前示"节衣缩食所得"语已作篆，所留两大石，其一或仍刻此句耳。城内外交通太不便，致五里闻鸡之地邈若云涂。稍暇再趋谒。□诗可得录示否？前草《印话》，容续录奉。匆匆，敬颂
> 旅祺
> 文若顿首
> 四月廿八日

沙先生此时住在"城西新市区学田湾枣子岚垭"[94]，均室先生住"南温泉青年会旅馆"[95]，南温泉位于今巴南区长江之南花溪河畔群山之中，距市区"五十里路左右"[96]，因此言"城内外交通太不便"。《过眼录》当即《铁书过眼录·福盦印本》[97]，据该书

题记，是书系均室先生1928年秋游庐山归后，"捡积拓金石，分遗同好，得西泠王季子篆刻百事，略加论次"[98]而成，共九十九页，收印一百方，原钤，几乎每印下都有手批，"品评跋语，最长者六十字，多祖述印艺之渊源，篆法、刀法、章法的美学内涵，最短者仅三四字，或言简意赅，或一针见血，语锋犀利，意味隽永，皆行家语"[99]。

一般认为，沙先生为均室先生治印，有"静耦轩夫妇心赏之符"（朱）、"易忠箓金石年"（白）[100]两方，而实际上，恐怕并不止此。在4月28日的信后，沙先生还另外附了一页：

上星日录示待刻印文如下：
旅琐琐　我贵知希　字余曰灵均　云水光中洗眼来　四百六十飞凤皇
溯源仓籀订斯邕　楚灵均　易氏秬园节衣缩食所得（已篆，不必再托他友刻矣）
今无其器存其辞　泉石膏肓烟霞固疾作千秋想

总共列出了十一方印文。"上星日"即4月23日，也就是聚会的次日，均室先生应该是在"写示一律"的同时，也列出了要请沙先生刻的印。目前所见，除"旅琐琐"（蒋维崧刻）、"我贵知希"（周菊吾刻）、"字余曰灵均"（唐醉石刻，方介堪刻）、"溯源仓籀订斯邕"（王福庵刻）、"今无其器存其辞"（蒋维崧刻）外，其余六印至今仍未见钤迹，这在均室先生自用印鉴中是仅有的孤例。虽然其中已有五方别的朋友刻过，但均室先生有以同文印付不同友人篆刻的习惯[101]，并无法排除沙先生亦曾刻过这些印的可能。即便抛开同文异（人）刻不算，至少"易氏秬园节衣缩食所得"一印是很有可能最终完成了的，因为沙先生已经明确注明"已篆，不必再托他友刻矣"。

此后二人或互访、或书信，往来频繁，"谢人事从子于林峦间，以文史为餐馈，以石墨为茵席，则荣期之乐四也"[102]，颇为愉悦，还互相介绍朋友认识，"承惠寄《苾蒭馆画册》，敬领。邹君雅人，仪想已久，惜所居太远，无缘因公一见耳"[103][104]。遭空袭后，选书相慰，"十一日空袭，枣子岚垭、罗家湾皆集弹（枣子岚垭八十六号安，萱舍则中弹），未知常君近况如何"[105][106]，"连日倭机袭炸南泉，尊寓安否，甚以为念"[107]，关切之情，溢于言表。

到重庆后，均室先生一时没找到合适的工作，"往返川鄂奔走借贷"[108]，后来在湖北宜城任陆军第六十七军秘书长，"不到半年，国立西北大学招聘中文系教授，联系好后即离开到重庆"[109]，收拾行装，准备往城固任教。此时大约已是1940年年末，因此《沙邨印话》有记"庚辰岁莫，易均室万灵蕤（瑞药）夫妇将有关西之役，主余巴山寓斋两旬"[110]。1941年初到城固后，均室先生马上就给老朋友写了一封长信，详述途中见闻及城固各处胜迹，并言拟将途中所搜邛窑青瓷、蜀汉三字瓦当拓呈，但因"初到亟于校课，尚不能不有待

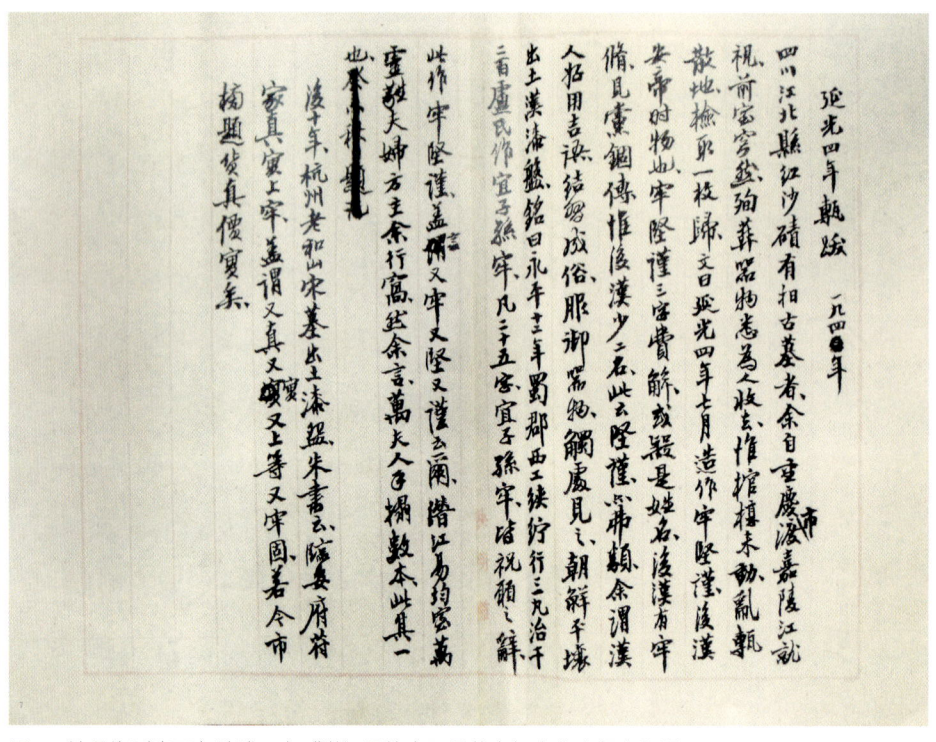

图 7　沙孟海延光四年砖跋，有"潜江易均室万灵蕤夫妇方主余行窝"语

耳"[111]。1943年还曾以所作题古玉拓本词《玲珑四犯》相赠。[112]

五、托书相访：曾欲结亲惜未成

1945年，"国民党匪帮刘季洪（陈立夫死党）来长西北大学，意图将他一伙特务分子招入，乃竟无端解聘多人"[113]，均室先生亦因"无党证号数"[114][115]，"于学期未终了时中途通知本人解聘，后因全校教授公议反抗，他方许本人暂行留校"[116]。但"到下季开学时，又命其带来的爪牙……不派本人课程"[117]。这时刚好抗战结束了，均室先生一家于是迁道成都准备返回湖北，暂时安顿在成都宁夏街同德里五号。

抗战期间，沙先生一直在重庆，二人交流切磋（图7、图8），书信往来十分频繁，如1942年1月2日："前奉叠示并《压胜泉说》，欣感何尽"[118]，"尊著《艺海扬尘》体例如何，便中乞示一二，颇思就所知者代征资料也"[119]，可见一斑。1945年1月，沙先生"调任教育部秘书"[120]，8月日本宣布无条件投降后，让"家属先行乘船东归南京"[121]，自己则到次年5月，才随国民政府"东归南京，居山西路附近玉泉路

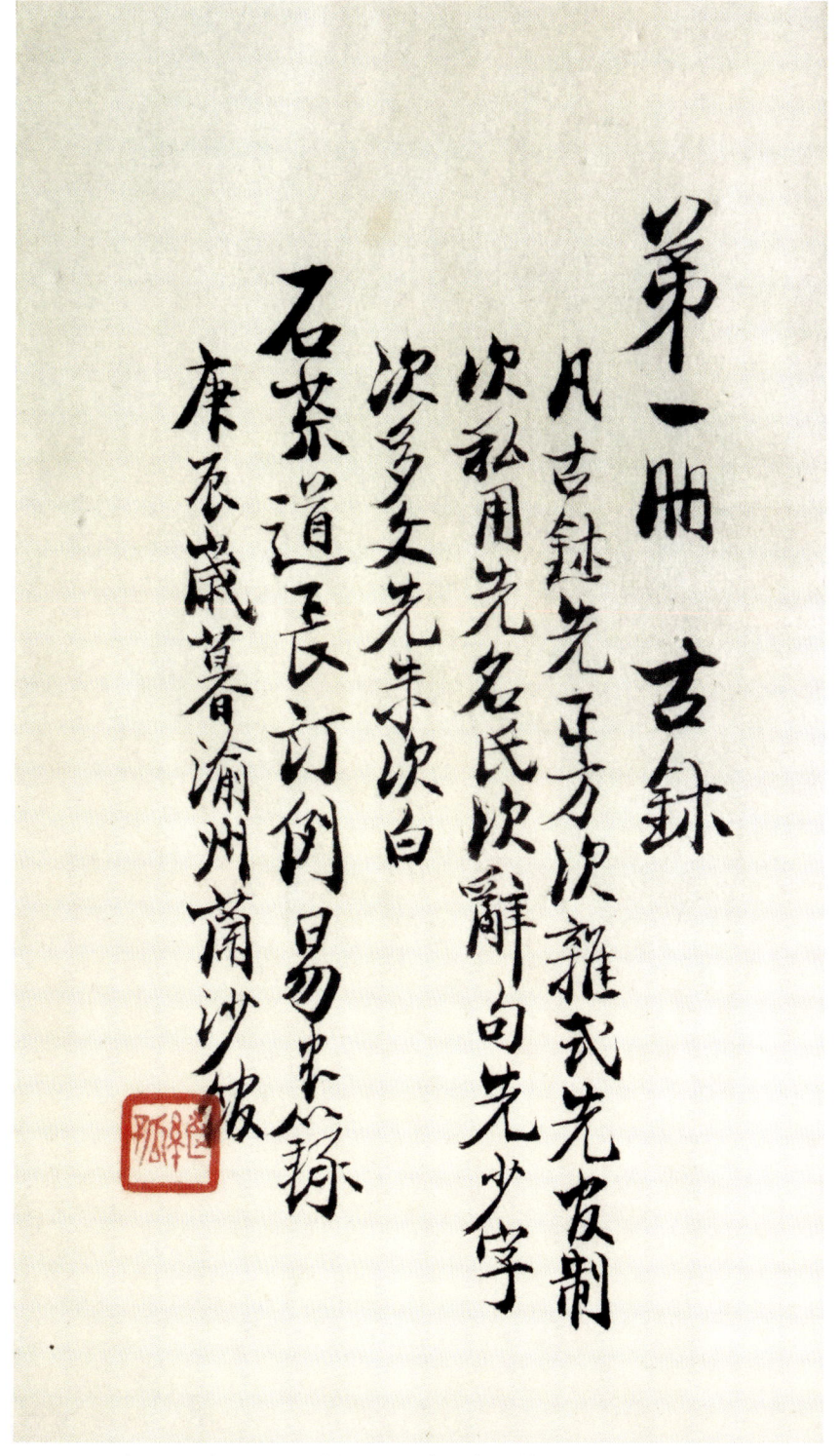

图 8　1940 年，易均室赠沙孟海《古印甄》（四卷）上的题记

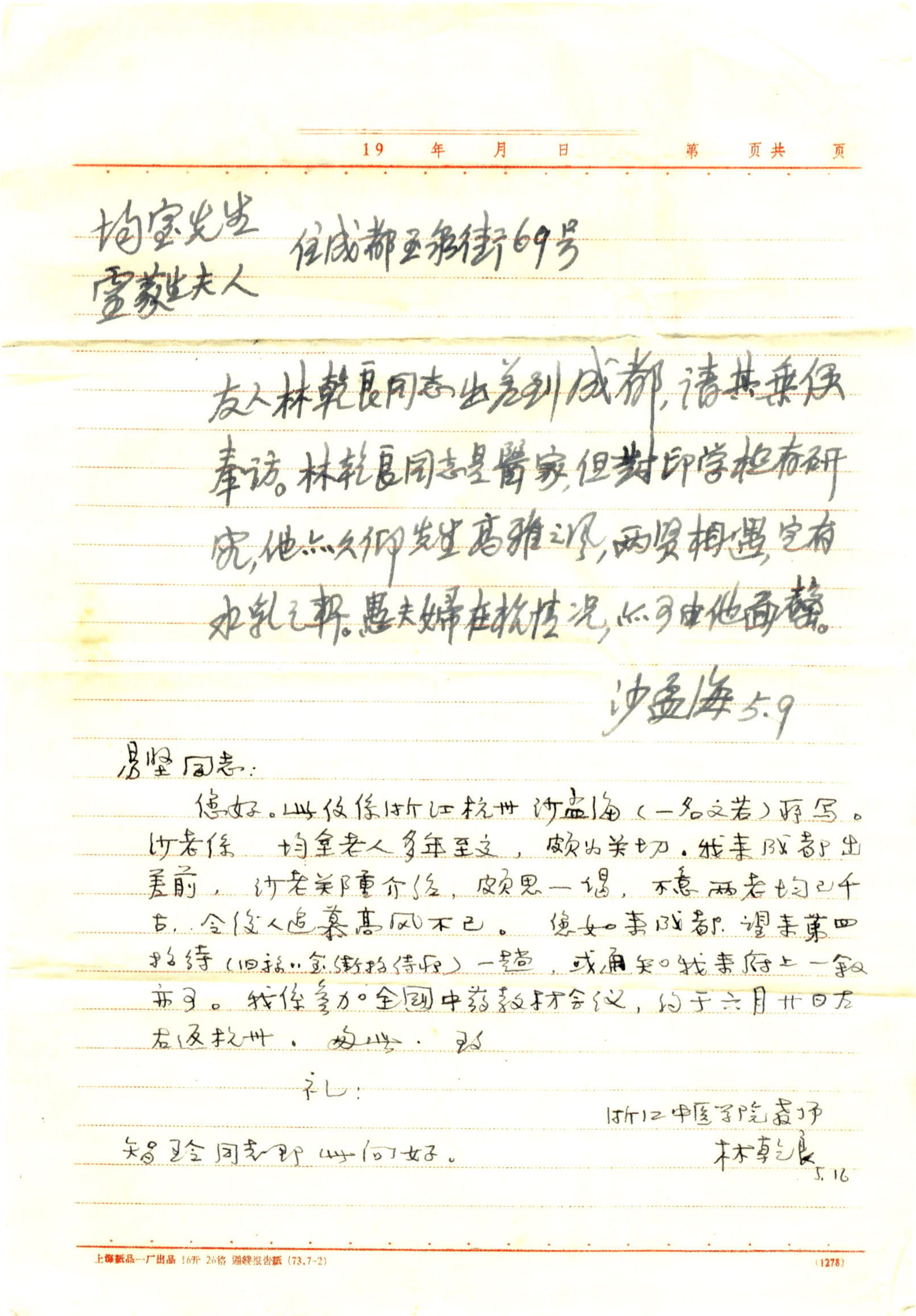

19 年 月 日 第 页共 页

均室先生
雪蕤夫人　住成都玉泉街69号

友人林乾良同志出差到成都，请其乘便奉访。林乾良同志是医家，但对印学极有研究，他亦久仰先生高雅之风，两贤相遇，定有水乳之契。愚夫妇在杭情况，亦可由他面罄。

沙孟海 5.9

易坚同志：

您好。此信係浙江杭州沙孟海（一名文若）所写。沙老係均室老人多年至交，颇为关切。我来成都出差前，沙老郑重介绍，颇思一谒，不意两老均已千古，令後人追慕高风不已。您如来成都，望来第四招待（旧称：金街招待所）一谈，或通知我来府上一叙亦可。我係参加全国中药教材会议，约于六月廿日左右返杭州。此致

敬礼！

浙江中医学院教师
林乾良
5.16

智珍同志即此问好。

上海纸品一厂出品 16开 26格 道林报告纸（73.7-2）　（1278）

图 9　1975 年，沙孟海托林乾良带给易均室的信

图 10　易均室为沙孟海父亲题写的墓碣

六号"[122]。此后,便再不见二人往还记录。[123]

一直到 1975 年,[124] 林乾良先生"应卫生部之邀首次进川编写全国性的高校教材"[125],沙先生托其"给他的老友易忠箓(均室)带封信,并致殷殷挂念之忱"[126]（图 9）。笔者曾于 2010 年 6 月 19 日、2011 年 10 月 30 日、2011 年 11 月 20 日三次登门拜访林先生,叩问此事。据林先生回忆,当年除带信外,还有一听茶叶,林先生找到玉泉街 69 号时,"人去楼空,铁将军把门"[127]。因为均室先生早在 1969 年就已弃世,而万灵蕤夫人也刚在这年初因病去世,幼子易磬[128] 在四川雅安工作,儿媳在郫县工作,都是两三个星期才回一次玉泉街家中,是以当天林先生并未见到均室先生家人。据易磬先生回忆,当年林先生还从窗户往屋里丢过一个纸条,[129] 惜现已无存。易磬先生得到消息后,给林先生回信,还画出了到徐无闻先生家的详细示意地图,林先生这才与徐无闻先生结识。大约在 7 月 5 日,易磬先生自雅安赶回成都,在林先生开会的宾馆会面。林先生怕易磬先生有顾虑,言沙先生已恢复自由,可以通信交往,但易磬先生自惭未能继承家学,担心连金石方面基本的术语都不懂,因此从未主动与沙先生通过信。林先生回杭州后,向沙先生禀复,沙先生虽未多言,但怅然失落之情表露无遗。

据易磬先生回忆,万夫人在世时,曾言"沙家有意将沙四小姐许配给易磬"[130],双方长辈都非常愿意,但最后未成,原因不明。万夫人当时还言,"沙四小姐不知是大排行还是姊妹单排"。"易磬"系均室先生长子,生于 1918 年,1939 年随均室先生入川,"在中央大学念书"[131]。据沙先生 1992 年 4 月手订的"家世简表"[132] 及《沙孟海先生年谱》,沙先生有三个女儿,依次是沙韦之、沙频之、沙秾之,分别出生于 1917 年、1922 年、1932 年,姊妹单排最多只有"沙三小姐",若按大排行,则依次为沙大小姐、沙三小姐、沙六小姐,无论如何不会有"沙四小姐"。以年龄看,次女沙频之最合适。是否万夫人记忆有误,现在已无从查考了,但有过这个提议肯定是毋庸置疑的,推测时间可能是在"庚辰岁莫"[133]。此时均室先生已接国立西北大学、国立西北师范学院两校联合聘书,将往陕西城固,易磬先生二十二岁,谈婚论嫁也不算早,而且易磬先生也确实没随均室先生去陕西。更令人不解的是,易磬先生一直到20世纪50年代左右才结婚,不知这前后是否有什么因果联系。

易均室先生一生不慕荣利,狷介自守,视文物典籍为性命,除早年捐献给湖北省图书馆四十箱古籍[134]、湖北省博物馆大量文物[135]外,中国社科院历史研究所还藏有其捐献的甲骨一百三十片[136],"据目前可见资料所载,易氏所收前后不下千余"[137],藏品广涉陶、甓、墨、砚、泉、书法、绘画、古籍、古琴、名印、石刻、竹刻、铜刻、瓷器、玉器、青铜等近二十个门类,而且每个门类都考析甚精,绝非泛泛,简直是一座艺术宝库。目前可确认师承关系的弟子有:徐松安、何挺警[138]、庞裕洲[139]、李白瑜[140]、李玉芙[141]、徐无闻[142]、丁季和[143]、陈重枢[144]八位,其他尚待进一步确认。

附:易均室先生简介
易均室先生(1886—1969),名忠箓,字均室,号稆园,斋名静偶轩、十清宦、沧浪一舸等,湖北潜江人,民国著名古文字学家、金石学家、版本目录学家、篆刻学家、书法家、鉴藏家。

均室先生早年留学日本早稻田大学,回国后参加辛亥武昌起义,历任潜江县议会议长、湖北靖国军参议、护国军湘西防务督办公署顾问、湖北省议会议员、湖北省立图书馆馆长、陆军第六十七军秘书长等职;先后任教于文华图专、武昌艺专、西北大学、西北师范学院、四川大学、成华大学、西南学院等高校;晚年为四川省文史研究馆馆员。遗有著述六十余种。

主要弟子有:武汉徐松安,陕西何挺警、李白瑜,河北庞裕洲、李玉芙(女),成都徐无闻、丁季和。夫人潜江方氏,继配瑞安万氏灵蕤(瑞药)。

原载:《书法赏评》2013年第2期。

注释:

[1] 程颂万(1865—1932),字子大,号十发、鹿川田父,湖南宁乡人,系程千帆六叔祖,有《石巢诗集》《楚望阁诗集》《鹿川文集》等。《光宣诗坛点将录》拟其为"天哭星双尾蝎解宝",有"早传绚烂晚坚苍"之评。

[2] 林山腴(1873—1953),名思进,字山腴,晚号清寂翁,四川华阳人,光绪癸卯举人。平生肆力于诗古文辞,与"晚清第一词人"赵熙并称"林赵",有《清寂堂集》行世。

[3] 王孝煃(1874—1947),字东培,号寄沤,江苏南京人,光绪癸卯举人,金陵"蓼辛四友"之一。时人谓其词"比之南宋作家,无多让焉",有《北窗琐识》《红叶石馆

诗词抄》《冶西杂咏》等。为唐圭璋之师。

[4] 乔大壮（1892—1948），名曾劬，字大壮，所居曰波外楼，四川华阳人，民国间重要词家，有"词坛飞将"之誉，存世有《乔大壮词集》《波外乐章》等。

[5] 徐元白（1893—1957），别名原泊，浙江临海人，浙派古琴大师，首创"弦度分段录音法"，能谱曲并善斫琴，创有《西泠话雨》《思贤操》《海水天风》等曲。

[6] 徐文镜（1895—1975），别署镜斋，浙江临海人，徐元白胞弟，同为浙派古琴大师，并精研古文字，有《古籀汇编》《镜斋十二琴铭》等。

[7] 陈尧廷（1903—1968），一署尧亭，陕西西安人。因家藏古琴十二张，且癖琴艺，故号琴痴，亦曰十二古琴人家，能奏三十余谱，有《十二古琴人家印谱》《冀莱山房印存》等。

[8] 徐松安（1911—1969），原名徐石，号木公、木长、松岩居士等，湖北武汉人，初以仿制古画名世，后被张大千纳为弟子，亦精篆刻。

[9] 叶玉森（1880—1933），字荭渔，或作蘐渔，别号中泠亭长、梦颉庵主等，江苏镇江人，精研甲骨，有《甲骨文集联》《殷契钩沉》《殷墟书契前编集释》等。

[10] 王献唐（1896—1960），字献堂，后改献唐，号凤笙，金石文字学家、版本目录学家，有《那罗廷室稽古文字》《国史金石志稿》等。

[11] 徐中舒（1898—1991），古文字学家、历史学家，主编有《殷周金文集录》《甲骨文字典》。

[12] 秦更年（1885—1956），原名秦松云，字曼青、曼卿，号婴闇或婴闇居士，江苏扬州人，清末民国年间著名藏书家，精金石碑版，其后人辑有《婴闇杂俎》。

[13] 曾祐生（1892—1977），名敏，字祐生，或作佑生，四川广汉人，民国碑帖拓片收藏大家，据传周总理曾叮嘱有关人员尽力搜求并妥善保管其故物，有《萃珍阁蜀砖集》。

[14] 徐鸿冥（1904—1988），本名徐寿，字益生，号鸿冥，四川成都人，近代著名金石收藏家，系徐无闻之父。

[15]《潜江文史资料》第四辑不确定"易均室"与"易书竹"是否为同一人，《湖北省志·人物》则误以"易书竹"为均室先生本名。易书竹（1881—1949），字铭勋，湖南醴陵人，民国时曾为湖南省政府秘书长、省政府委员。

[16] 均室先生有"李分虎同日生"自用印。李分虎即李符（1639—1689），原名符远，字分虎，号耕客，明崇祯十二年正月十一日生，有《香草居集》等。

[17] 徐无闻记述均室先生去世日期为3月18日，误，此据易磬先生订正。均室先生去世时，徐在重庆北碚，事后才回成都。

[18][19] 李乾三：《篆林宗师易忠箓》，《武汉文史资料》1998年第12期，第445页。

[20][50][85][108][109][113][114][116][117] 易忠箓：《易忠箓自传》，1951年，第2页、第2页、第8页、第8页、第8页、第9页、第9页、第9页、第9页。

[21] 均室先生1928年1月至1929年1月任湖北省立图书馆馆长，继任者为冯汉骥，但该馆馆史中无均室先生任职记录，误以冯之任职时限漫过。

[22] 抗战胜利后，湖北省西迁恩施的政府机关和高校陆续迁回武汉，国立湖北师院一时未能回迁，该校学生于1947年2月，往湖北省府抗命请愿，并得在汉高校声援，长达三月之久。均室先生虽已早得该校国文系教授兼系主任的聘书，但因迁校学潮学生罢课，未能赴任。

[23] 综合各处资料统计而得，已汰除同文（书）异名者，其中部分未见全貌，少数仅存目。

[24][25] 易忠箓：《均室鉨印》上册，第10—11页。

[26] 此据上海书画出版社1997年6月出版之《沙孟海论书文集》，下同。

[27] 沙孟海：《沙孟海论书文集》，上海书画出版社，1997年，第371页。

[28] 徐无闻：《纪念篆刻家易均室》，西泠印社：《印学论丛——西泠印社八十周年论文集》，西泠印社出版社，1987年，第237页。

[29] 徐无闻：《纪念篆刻家易均室》中言此语出自《沙邨印话》，但遍检不得，语气措辞也与《印话》中他条有异。据徐先生手札，疑系西泠印社八十周年时，面叩沙先生时所言。

[31] 张浪在《关于汉派印学答诸君》中言，此语系在（宜昌）湖北省书法家会员代表大会上叩雷志雄而得，源出沙孟海先生，但他处无见。

[32]《沙孟海年表》作"七百十五号"，《沙孟海先生年谱》作"175号"，《沙文汉与陈修良》作"751号"，当以《年表》为是。

[33] 泰栋、亚平：《沙文汉与陈修良》，宁波出版社，

1999年，第11页。

[34]《沙孟海全集·印学卷》不见此印，《全集》记有是年11月12日、13日为陈道希所作两印，但皆非《印话》所指之印。目前所见《明清名印集拓》亦未见此印，疑系均室先生知道误收后撤去。

[35][36][38][39][40][47][48][49] 黄少牧：《黟山人黄牧甫先生印存》下集（第四册），西泠印社，1934—1935年。

[37][44] 易忠箓：《秬园印鲭》，1967年，第256页、223—224页。

[41] 此谱非后来所辑同名印谱。1947年秋，均室先生自成都寄赠何挺警诸多印蜕，供其揣摩学习，此本即系何积历年所得汇集而成。

[42][45][46] 何挺警：《秬园印鲭》，1947年，第123页。

[43] 黄绍箕为黄体芳子，万隽选夫人为黄体芳幼女，《温州文献丛书·孙延钊集》作"黄隽选"，误。

[51] 易磬：《易磬先生遗稿》。

[52] 1928年秋，均室先生曾以《铁书过眼录·福盦印本》赠蔡哲夫先生，是书收王福庵印百钮。

[53][54][55][56][57][58][60] 朱关田：《沙孟海全集·日记卷》，西泠印社出版社，2010年，第1298页、1310页、第1340页、第1316页、第1341页、第1342页、第1426页。

[59][111] 杨仁恺：《名人书信手迹》，上海人民美术出版社，2000年，第10页、第30页。

[61][62][63][64][66][84][120][121] 沙匡世：《沙孟海年表》，西泠印社出版社，2000年，第23页、第23页、第22页、第23页、第18页、第23页、第27页、第27页。

[65][94][122] 沙茂世：《沙孟海先生年谱》，西泠印社出版社，2010年，第48页、第49页、第58页。

[67]《沙孟海先生年谱》一九三〇年载："八月，受杭州两浙盐运使公署之邀，至该署任盐政史编纂。"

[68]《沙孟海先生年谱》一九三一年载："朱家骅……近调南京中央大学任校长……先生去南京任中央大学秘书。"

[69]《沙孟海先生年谱》一九三二年载："三月，因朱家骅调任教育部长，先生即随调教育部任秘书。"

[70]《沙孟海先生年谱》一九三三年载："一月，随朱家骅至交通部任秘书，居南京同贤里。"

[71]《沙孟海先生年谱》一九三六年载："五月，因朱家骅由交通部长调任中央政治委员会秘书长，于是先生被安排在朱家骅兼任董事长的中英庚款董事会作干事。"

[72]《沙孟海年表》一九三六年载："十二月，调任浙江省政府秘书处秘书。居杭州佑圣观路。"

[73]《沙孟海先生年谱》一九三八年载："二月，至汉口庚款董事会复职。"

[74]《沙孟海先生年谱》一九三三年载："一月，随朱家骅至交通部任秘书，居南京同贤里。"

[75]《沙孟海年表》一九三五年载："迁居狮子桥梅溪山庄"。

[76]《沙孟海年表》一九三六年载："十二月，调任浙江省政府秘书处秘书。居杭州佑圣观路。"

[77] 佚名：《归期未有——巴社印人综述》，http://cq.qq.com/a/20111101/000524.htm。

[78] 此据成都向黄老师转告，向老师与陈敬先后人有过详谈。

[79][110][133] 沙孟海：《沙孟海论书文集》，上海书画出版社，1997年，第371页、第376页、第376页。

[80][100]《沙孟海先生年谱》作"易忠箓金石章"，《翰墨人生：书法大师沙孟海的前半生》作"易忠箓金石年"，后者系沙先生亲审之稿，《年谱》当误。《沙孟海全集·篆刻卷》亦收有此印。

[81] 沙茂世、吴龙友：《沙孟海遗墨》，西泠印社出版社，2010年，第163页。

[82] 综观沙先生日记，凡以数字纪年皆为公历，如"十九年八月十六日"，其下特别注明"旧历闰六月廿二日"。

[83]《沙孟海年表》将此信归在"一九三七年"下，《沙孟海全集·书信卷》标注"此信写于一九二八年四月"，不知何因，皆误。

[86] 据《沙邨印话》，聚会在"己卯上巳"，"上巳"本指夏历三月的第一个巳日，因三月初三多逢巳日，一般即将"上巳"等同于三月初三日，是年"上巳"在4月22日。

[87][88][102][103][105][107][118][119] 易忠箓：《秬园辞鲭·蜀中所得友人尺牍》。

[89][90][91][92][93] 易忠箓：《隔云集》，1945年，第1页。

[95][96] 易磬：《易磬先生遗稿》。

[97] 此书书口有均室先生手书"铁书过眼录"五字，封面蔡哲夫题"福盦印本"，扉页李尹桑题"王福盦印本"。

[98] 徐畅：《书印璀璨 交相辉映——记易忠箓跋〈王福厂印本〉》，《中国书法》2002年第10期，第77页。

[99] 徐畅：《书印璀璨 交相辉映——记易忠箓跋〈王福厂印本〉》，《中国书法》2002年第10期，第78页。

[101] 如"均室"印就有王福庵、易大厂、丁辅之、李尹桑、邓尔雅五人刻过，"沧浪一舸"印有唐醉石、方介堪、苏园三人刻过。

[104] 邹君即邹介（1889—？），字芯蘅（又作碧蘅）、石于，号芦洑外史，湖北潜江人，擅花鸟及松树，与均室先生同乡。

[106] 常君即常任侠（1904—1996），原名家选，字季青，安徽颍上人，艺术考古学家、东方艺术史研究专家，当时住上清寺罗家湾四十四号萱舍，易、沙二人与其皆有往来。

[112] 陈振：《沙孟海翰墨生涯》，艺林出版社，1989年，第146页。

[115] 均室先生留日期间参加同盟会，后因不堪政界污浊，已于护国运动期间将国民党党证主动缴还党部，此后即再未加入任何党派。

[123] 从抗战胜利到1975年沙先生托人往成都寻访，易、沙二人间目前不见有交往记录；但沙先生1975年写信的地址即是"玉泉街69号"，其间二人应该是有书信往来的，只是目前未见。

[124] 笔者曾三次登门叩询林乾良先生，林先生皆不能记述准确年月，此据林先生当年自徐无闻先生家携归之"郭公甓"拓片题跋考出。《西泠印社：纪念沙孟海先生诞辰110周年·庚寅春季雅集专辑》（总第二十六期）《忆叙沙孟海》一文中，林先生发言："1973年，我由于卫生部任务进川……"当误。

[125][126][127] 林乾良：《悼社友徐无闻》，http://yishujia.findart.com.cn/46997—blog.html。

[128] 均室先生四子皆单名，且均以"石"为偏旁，因"磬"较为生僻，易磬先生在很长一段时间里曾以"易坚"为名，林先生即只知道"易坚"而不知"易磬"，《悼社友徐无闻》亦记为"易坚"。

[129] 此事林先生已无印象，易磬先生记忆清楚，惜纸条已无存。

[130] 王可万：《蜀行访谈纪要》。

[131] 易磬：《易磬先生遗稿》。

[132] 鄞县政协文史资料委员会、沙孟海书学院：《翰墨春秋——沙孟海先生纪念集》，西泠印社出版社，1995年，第275页。

[134] 经办者为易磬先生，时间在20世纪60年代左右，由军代表接收，打有收条，但现已无存。

[135] 张浪《金石学巨匠易均室》文中言："解放后，唐醉石任湖北文管会主任，筹建湖北博物馆，易均室先生和刘问山先生响应政府号召，捐献了大量文物典籍，功勋卓著。"

[136] 据宋镇豪《〈中国社会科学院历史所藏甲骨集〉出版缘起》一文记述，均室先生所捐甲骨在该所的编号为"第二十盒1005-1134号"，共130片，为20世纪60年代所捐。

[137] 罗汉松：《看松图》，http://www.polypm.com.cn/pmwp.php?ppcd=art70773759。

[138] 何挺警（1915—2011），号珽顽，陕西南郑人，工书法篆刻，曾任汉中石门印社社长、终南印社顾问、汉中市书法家协会顾问，亦曾从于右任学书。

[139] 庞裕洲（1910—2007），字玉舟，亦作雨舟，河北蠡县人，曾任汉中石门印社顾问、名誉社长，亦曾从寿石工、齐白石学篆。

[140] 李白瑜（1908—1986），原名李麟，字白瑜，陕西汉中人，擅大写意，工篆刻，于右任誉其为"金石家后起之秀"，晚年为陕西文史研究馆馆员。

[141] 李玉芙，女，河北永年人，生平不详。

[142] 徐无闻（1931—1993），原名永年，字嘉龄，后以耳疾更字无闻，四川成都人，生前为西南师范大学教授、中国书法家协会理事、西泠印社社员、四川省书法家协会副主席。

[143] 丁季和（1927—1999），本名丁鹤，字季和、野庵，号盘散人，四川成都人，著名诗人、书法家、文字学家，曾参编《汉语大字典》。

[144] 陈重枢（约1928—1999），亦作崇枢、仲枢，字大经，四川双流人，画家，亦曾师从沈湉庵、周抡园等。

朱光墨气　照映瀛寰
——沙孟海与日本的近现代书法文化交流略论

陈　磊

　　从 1961 年参加与日本书道家代表团之交流活动开始，沙先生几乎亲历了中华人民共和国成立后以西泠印社和浙江美术学院为中心的中日书法文化交流的每一个重大历史阶段，他是历史进程的积极参与者。作为中国高等书法教育的奠基人之一，他以一己之力，构建了书法家应有的能力模型，肩负起留学生的执教工作，他是一位行动者。倘若谈论"书法学"学科的形成，几乎没有一个领域能回避他的影响，几代人如饥似渴地阅读他的著作，青山杉雨、小林斗盦、今井凌雪、梅舒适、杉村邦彦、河内利治等日本著名书法家一一位列其中，他是一个书写者。

笔者曾在《至人无法：从〈吴民先题沙孟海画像〉说起》[1]（2015）一文中提及，著名学者、书法家朱关田先生来沙孟海书学院祭拜恩师沙孟海先生时，给了笔者一份特别的复印材料——《吴民先题〈沙孟海画像〉》（图1）。画面上，沙先生身着长袍，手执羽扇，面容瘦削，目光矍铄，尤其惹人注目的是脸颊上竟多了三条长髯，这让当时所有人感到意外。倘若仅凭这画上的人物，想必没人会将沙先生与之联系在一起，但有趣的是当得知画中人是沙先生后，又觉得尤为神似，愈看愈似。此画的作者有两位，一位是日本水墨画家藤原楞山（1920—1987），另一位则是张大千（1899—1983），张大千在看到藤原楞山即兴完成的《沙孟海画像》后补髯而成。那么，日本画家藤原楞山为何要为沙先生画像？沙先生曾为中日书法文化交流做出何等之贡献？

图1 《吴民先题〈沙孟海画像〉》复印材料（局部）

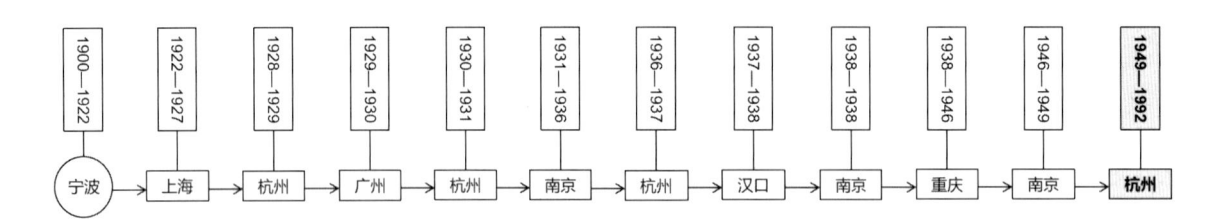

图2 沙孟海生平行迹表

1900—1922 宁波 → 1922—1927 上海 → 1928—1929 杭州 → 1929—1930 广州 → 1930—1931 杭州 → 1931—1936 南京 → 1936—1937 杭州 → 1937—1938 汉口 → 1938—1938 南京 → 1938—1946 重庆 → 1946—1949 南京 → **1949—1992 杭州**

一、沙孟海推动中日书法文化交流的实践

沙孟海（1900—1992），他的一生几乎亲历了五四运动、抗日战争、解放战争、中华人民共和国成立等每一个重大历史阶段，又目睹了改革开放后中国社会所取得的巨大成就。自1922年随恩师冯开（1873—1931）离开宁波开始，几经辗转上海、杭州、广州、南京、南昌、长沙、汉口、重庆各地，中华人民共和国成立后则一直寓居杭州（图2）。遍览沙先生年表，可知他与日本的书法文化交流基本集中于20上世纪60年代至90年代初的寓杭时期，罗列条目如下：

1961年
参加与日本书道家代表团之交流活动。日本书法家梅舒适等参会。

1973年
与陆维钊等参加西泠印社与日本书道代表团香川云峰、青山杉雨等人的交流活动，写"百花齐放，推陈出新"八字整幅作品。

1980年
11月7日，在西泠印社欢迎日本电视广播网公司代表董事长小林与三次率领的"吴昌硕胸像赠呈友好访问团"，出席吴昌硕胸像揭幕仪式并讲话。

11月8日，与王个簃、诸乐三及其他中日友人往余杭超山拜谒吴昌硕墓。在中日书画交流中以日本长屋相国句书："山川异域，风月同天。"

1981年
9月，全日本书道联盟代表团访杭州，写赠条幅："嘉宾来东国，湖光有辉光。友谊坚金石，翰墨留芬芳。"

在浙江美术学院为日本留学生授课，每周一次，讲授书法、古文字学。

1982年
在浙江美术学院为日、法、德、加、奥等国留学生讲授书法、古文字学课程，仍为每周一次。

写"朱舜水纪念碑"（余姚刻石，日本刻板）。

为日本早稻田大学写"百年树人"额。

1983年

由于身体原因，改为每周一次在家为浙江美术学院书法篆刻专业外国留学生授课，讲授书法及古文字学，至1986年止。

1981年

9月12日，在大华饭店出席"吴昌硕诞辰一百四十周年纪念会"并致开幕词。梅舒适为首的日本访华团参会。

1987年

4月9日，往杭州饭店礼堂出席中日书法讨论会。谷村义雄、今井凌雪等日本书家参会。

4月10日，往绍兴出席中日兰亭书会，日本书家青山杉雨、村上三岛等十八人参会。

8月15日，西泠印社与日本日中书法交流史研究会在杭州新侨饭店联合举行中日书法学术交流会，出席并讲话。日方主讲者为梅舒适、杉村邦彦等。

11月20日，在西泠印社出席日本篆刻家作品联展开幕式并讲话。

1988年

2月，为西泠印社赴日展览题写"西泠印社展"展标。

著《印学史日文本前言》。

《印学史》日文本由中野遵、北川博邦在日本翻译出版。

集江总、苏武句书楹联赠日本雪心会："净心抱冰雪，努力爱春华。"

1989年

7月，由杉村邦彦、松村茂树翻译的《近三百年的书学》在日本《书论》杂志发表。

图3 中日兰亭书会流觞曲水现场

11月16日，在西泠印社出席日本冈村天溪会赠送"吴昌硕、日下部鸣鹤结友百年铭志碑"仪式。会后在交流活动中撰写楹联："笔精墨妙同千古，东海南天若一家。"

1990年

4月2日，在浙江省博物馆出席日本著名书法家柳田泰云书法展开幕式并参观。

1992年

4月26日，沙孟海书学院举行成立典礼，中日来宾共二百余人参加典礼。[2]

经爬梳整理后，可得两大特征：其一，沙先生的交流活动是以西泠印社和浙江美术学院（今中国美术学院）为中心，分为书会交流、书作展览、授课教学和翻译出版四个层面；其二，并非个人，而是作为集团组合方式出现的团体交流。这既与他时任西泠印社第四任社长名满天下、享有"书坛泰斗"之誉不无关系，亦同他和潘天寿、陆维钊等艺坛名宿共同执教浙江美

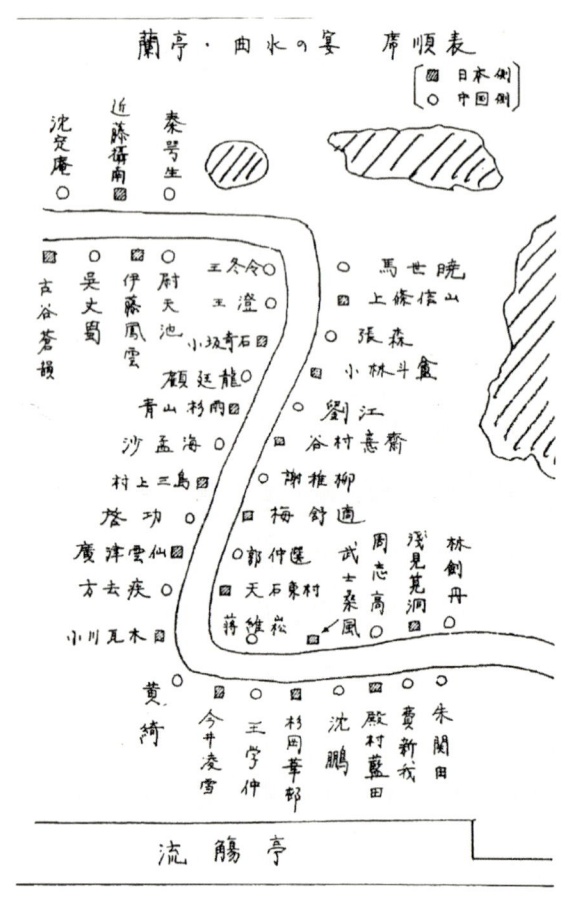

图4　中日书家流觞曲水座次图

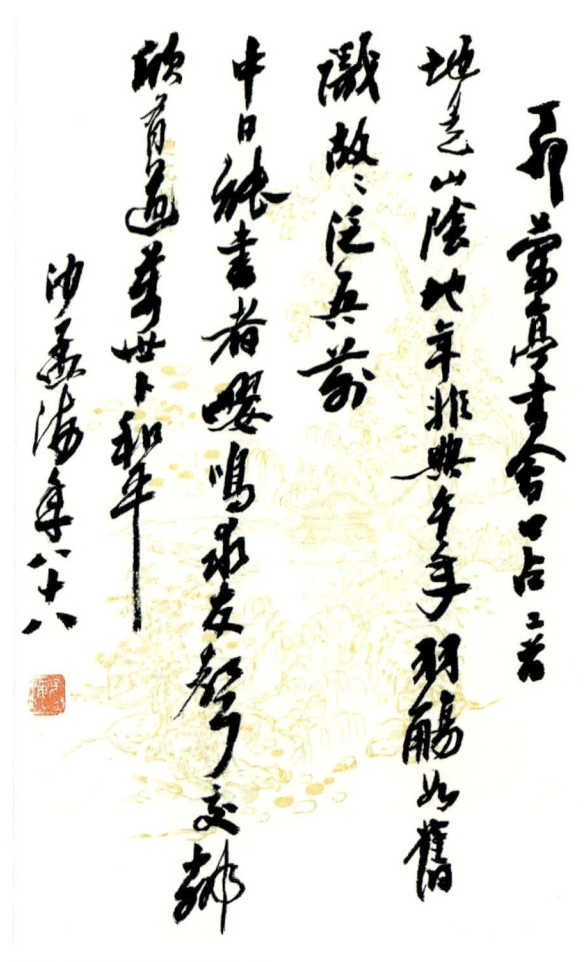

图5　沙孟海举觞而吟并书

术学院，成为中国书法高等教育的重要奠基人有所关联。"沙孟海先生的一生为文学艺术界做出了许多贡献，其中有些贡献是无法估量的。在此，我要特别提到的是先生生前曾长期担任着西泠印社社长一职。作为印社的社长，先生曾接待过不少从国内外来学习或参观的团体，他以自己的博学向众人显示了自己的才能，维护着印社社长一职的形象和权威。"[3] 如日本书艺院理事长、日本篆刻家协会理事长、西泠印社名誉副社长梅舒适（1914—2008）所言，"先生生前做出了许许多多业绩，尽管他人已魂归故里，离我们而去，但是，其业绩将永存于世，同时，他的名字将永远流传在日中双方的书法界之中。任何一位去印社参观的人，都会记得先生的英名，缅怀先生生前留下的业绩。"[4] 检代表性事件述之：

图6 沙孟海为日本留学生河内利治授课

（一）参加中日兰亭书会

1987年4月10日，"中日兰亭书会"在书法圣地兰亭举行（图3）。此次规模空前的盛会由中国《人民日报》社、浙江省文化厅、绍兴市文化局、中国书法家协会浙江省分会和日本《读卖新闻》社、日本电视放送网联合举办，中国文化部为后援单位。中国书法家协会名誉理事沙孟海、顾廷龙、中国书法家协会主席启功、兰亭书会会长沈定庵等二十三位中方书法家和日本艺术院会员青山杉雨、村上三岛等十八位日方书法家到会（图4）。当羽觞漂流到沙先生面前时，举觞而吟："中日能书者，嘤鸣求友声；交邦欣有道，万世卜和平（图5）。"

（二）为日本留学生河内利治授课

日本大东文化大学教授、博士生导师、美国波士顿大学客座教授河内利治（1958至今），曾于1981年至1983年间跟随沙先生在浙江美术学院国画系学习（图6），他在《恩师沙孟海先生笔〈移录倪会鼎手跋一段〉》一文中逐一记录了沙先生讲授

《书法史论》和《古文字学》时的讲义课目，是不可或缺的重要史料：

〈書法史論〉01 回～38 回

01 1981 年 9 月 30 日　自己紹介、学書方法、西泠印社

02 1981 年 10 月 7 日　商代と西周の書

03 1981 年 10 月 14 日　東周の書

04 1981 年 10 月 21 日　石鼓文、古璽

05 1981 年 11 月 4 日　石鼓文拓本、碑版の書手と刻手

06 1981 年 11 月 11 日　隋代の四種の楷書、書写時の注意

07 1981 年 12 月 2 日　秦代の書と秦書八体

08 1981 年 12 月 16 日　西漢の書

09 1981 年 12 月 23 日　東漢の書、武威漢簡

10 1981 年 12 月 30 日　説文解字序の解釈

11 1982 年 1 月 13 日　三国曹魏の書

12 1982 年 2 月 10 日　三国呉蜀の書

13 1982 年 2 月 17 日　黄士陵の印章

14 1982 年 2 月 24 日　西晋の書

15 1982 年 3 月 3 日　東晋の書

16 1982 年 3 月 31 日　南北朝の書、北魏体

17 1982 年 4 月 7 日　南北朝の碑と書

18 1982 年 5 月 12 日　南北朝の新出土文物

19 1982 年 5 月 19 日　隋代の書

20 1982 年 5 月 26 日　唐代初期の書、大篆の学習方法

21 1982 年 6 月 2 日　唐代中期？晩期の書

22 1982 年 6 月 9 日　唐代の書の特色、日中書法交流

23 1982 年 6 月 16 日　唐代の草書？隷書？篆書

24 1982 年 9 月 8 日　学書方法、王羲之、宋元の書

25 1982 年 9 月 15 日　五代の書

26 1982 年 10 月 6 日　北宋三大家の書

27 1982 年 10 月 13 日　北宋の隷書

28 1982 年 10 月 20 日　南宋の書

29 1982 年 10 月 27 日　元代の書

30 1982 年 11 月 3 日　元末明初の書

31 1982 年 11 月 10 日　明代早期？中期の書

32 1982 年 11 月 24 日　小中学生書法教育の問題

33 1982 年 12 月 1 日　明代晩期の書

34 1982 年 12 月 8 日　清代前期の書

35 1982 年 12 月 15 日　清代後期の書

36 1982 年 12 月 22 日　清代の家隷書、石碑の刻手問題

37 1983 年 1 月 5 日　古代書法理論、筆法

38 1983 年 1 月 12 日　清代の楷行書家

〈古文字学〉39 回～45 回

39 1983 年 1 月 19 日　文字学の基礎と説文解字

40　1983 年 1 月 26 日　説文学
　41　1983 年 4 月 25 日　六書［指事？象形？形声］
　42　1983 年 4 月 27 日　六書［会意？仮借？転注］
　43　1983 年 6 月 8 日　古文字研究の歴史
　44　1983 年 6 月 15 日　（ノート紛失）
　45　1983 年 6 月 22 日　文字の簡略化、秦書八体[5]

　沙先生是书坛泰斗，更是教育专家，长年坚持承担教学任务，一直到八十多岁高龄还登堂授课。数十年的教学生涯，从这份珍贵的记录来看，他备课授课，一丝不苟，条理明晰，真知灼见，在在皆是，其学问之博大与深湛，从中不难想见，更为后世树立了传道授业的典范。河内利治在文中还记有"与黄道周相遇"一事："沙孟海先生は、浙江省博物館の倉庫において、館蔵書法作品を鑑賞し学習する授業を設けてくださった。その時、筆者の目に焼きついたのは黄道周の墨跡 2 点である。"[6] 由此可知，沙先生利用在浙江省博物馆工作的便利，不仅为河内利治研究黄道周提供了重要指导，更特意从库房中取出真迹让他鉴赏和研究。归国后，河内利治先后发表了《黄道周与沙孟海：书法审美範疇語〈遒媚〉をめぐって》《黄道周の臨書》《黄道周の学術傾向》等多篇论文，正如他所言，倘若没有沙先生，恐怕自己也不会有长期从事黄道周研究的决

图 7　《篆刻の歴史と発展：印学史》

心与坚持，这是不可思议的缘分。每当提起沙先生，他的言语间总是充满了感激和敬仰："一般而言，日本学者的研究相对比较细致。而以前，中国学者偏向于博览强记，真正的学者将所有的知识都装进脑袋。虽说日本也有过这样的学者，但中国学者们都是融会贯通、运用自如，他们不说谁在哪里的文献中说过什么话，而是开门见山地点明本质。沙孟海先生就是这样的。沙老 1900 年出生，我跟随他做学问是在他八十二到八十四岁高龄的时候。在沙老的书法史论课上我学习了书法史和书法理论。他在课堂上几乎什么资料都不看，直接讲课。当时，沙老在准备编写一本书法史图录，所以他手边有历代书迹的照片。沙老真的是博览强记，他将照片的有关内容讲给我听，把我听不懂的人名、固有名词写在黑板上，因为基本上是一对一授课，

图8 沙孟海题《百年树人》，沙孟海书学院藏，早稻田大学藏品的底稿

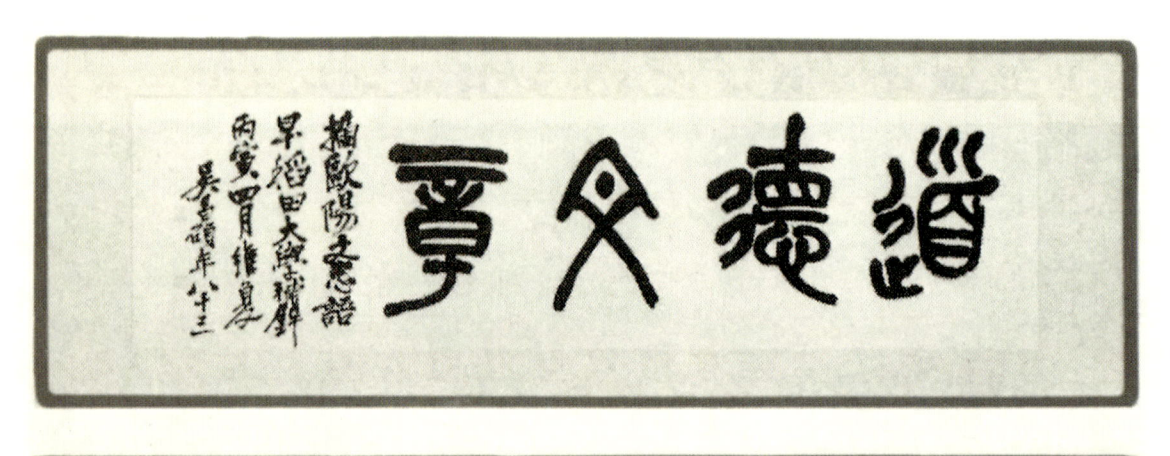

图9 早稻田大学所藏吴昌硕和王一亭的墨迹

像家教似的。"[7]

（三）翻译出版《篆刻の歴史と発展：印学史》（图7）

早在1928年沙先生就曾应上海《东方杂志》社的征求写过一篇《印学概论》，发表于中国美术号。"早年草创之作，复看多有缺憾。中华人民共和国建立后，西泠印社同人将用我此文作为青年学习材料。

我曾有修订本，终究太简略，故未发表。后来同人推我新编一部《印学史》。"[8] 沙先生在回忆著作《印学史》撰写的初衷时写道。它不仅气势恢宏，且不局囿于传统的评价判断、简单的人物介绍或琐碎的史料堆砌，创造了一种关于印学史研究的新叙事，从中可以看到姿态鲜明的学术讨论，可称是近代篆刻理论中强调体系化、构架感的大手笔。1988年，《印学史》出版不久，日本友人北川博邦先生与留学生中野遵合译后在日本发行，如此精辟的辨析和敏锐的洞察，在战火纷飞、风云变幻的年代是绝无仅有的，故而在中日两国艺术界引起了众多的反响，具有深远的意义。

（四）为日本早稻田大学题写《百年树人》（图8）

日本早稻田大学图书馆收藏有三位中国书家题写的书法墨迹，除吴昌硕（1844—1927）的《道德文章》、王一亭（1867—1938）的《刚健笃实辉光》（图9）外，另一件则是沙先生的《百年树人》[9]。沙先生晚年喜用行草书作大字榜书，澎湃激荡，大墨纵横，有力能扛鼎之势，观者无不为之震撼。1982年，他应留学生中野遵之邀用榜书创作《百年树人》以贺早稻田大学百年诞辰。中野遵曾撰写《沙孟海先生と「百年樹人」》一文，讲述了事情经过："1年後、私は夏の休暇を利用して中国各地を旅行した。北京では再び村井氏と出会う機会があり、たしか新僑飯店で食事を共にした折、来年早稻田大学が百周年を迎えるということが話題になり、何か中国の著名な方の作品を記念に寄贈いただけないかという話になった。偶々私が沙孟海先生に師事していることを告げると、では何とかお願いできないかということであった。"[10] 观其书作，于行草中参以章草、魏碑体势，沉雄苍涩，卓有风神，可见其为推进中日两国的书法文化交流倾注了极大的热情，"凡有关的外交活动需要他书写的，他总尽心创作。无论工作多忙，身体常有不适，但他从不推辞。他总是说：'这是有关国家声望的大事，理应办好'"[11]。

二、从相关文献看沙孟海与日本学者的学术交往和友谊

作为西泠印社的社长，沙先生曾接待过不少从日本来学习或参观的团体，他以雄强浑厚的书法和谦逊有礼的举止给日本书家留下了深刻印象。从沙孟海书学院院藏文献而言，沙先生与日本友人往来繁密，人际关系很广泛，现撷取一二，以一窥沙先生与日本友人至深至诚的情谊。

（一）《青山杉雨与沙孟海书》（图10）

大东文化大学教授、中京大学教授、读卖书法会总务青山杉雨（1912—1993）在信中写道："日前丁君茂鲁来吾舍，带来文笔墨宝，高谊感激无穷。此次在东京举办西泠印社展获得空前成功，乃是日中文墨界合作之成果也，可喜可贺。"此信不仅提及沙先生曾将"文笔墨宝"赠予，

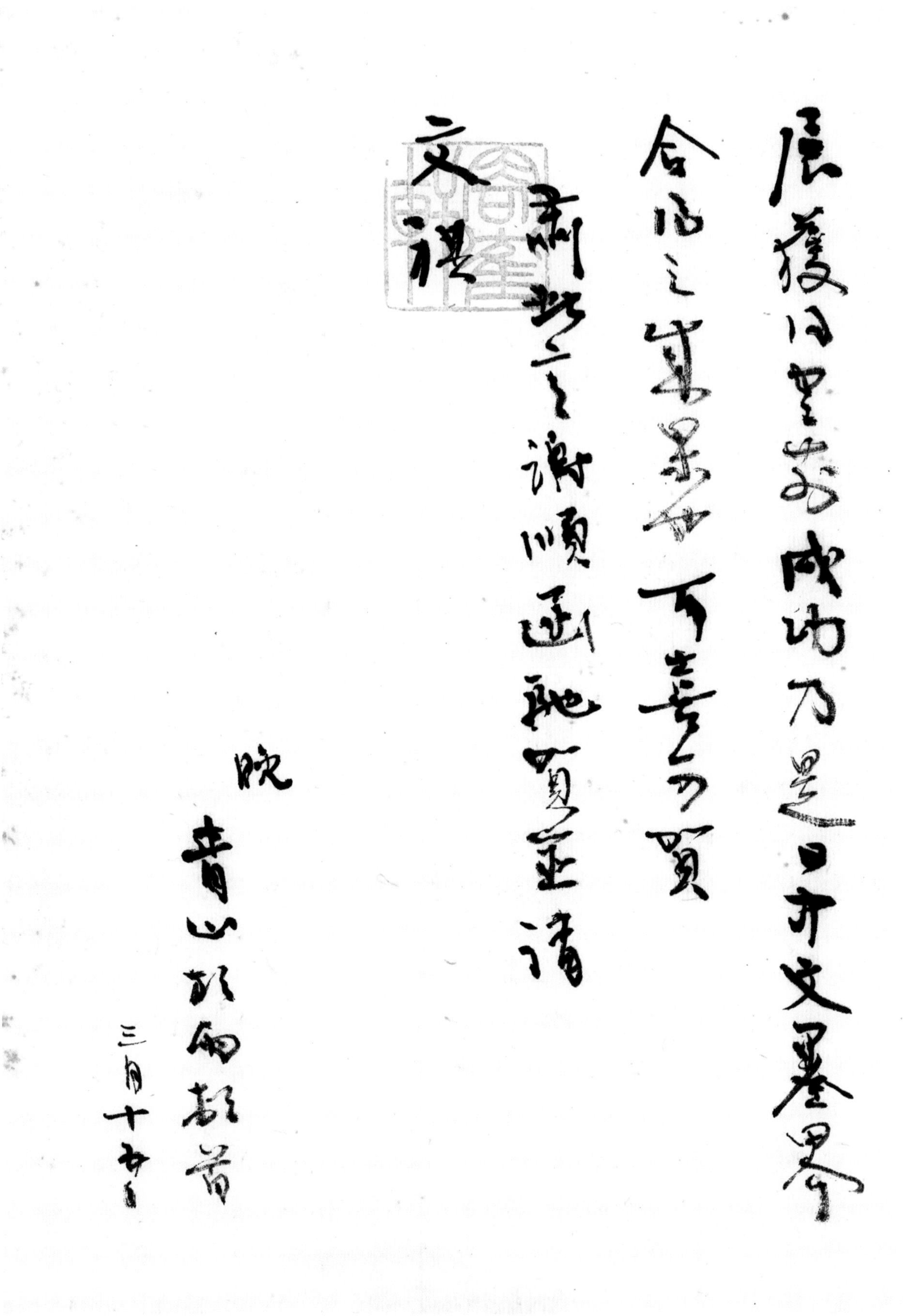
辰獲同里蒋成功乃是日本文墨界
合作之結果也可喜可賀
尚望之之謝順遂馳賀並請
文祺
晚
青山杉雨頓首
三月十九日

图 10　《青山杉雨与沙孟海书》

竹君先生雅鉴

客邸晤言暖然真可
又一载色光陰倏忽
履社良友定符私頌 日前有嘉茂堂
東豆舍 文華墨寶高徳威
高君翠此次去東舉一辧西洽印社

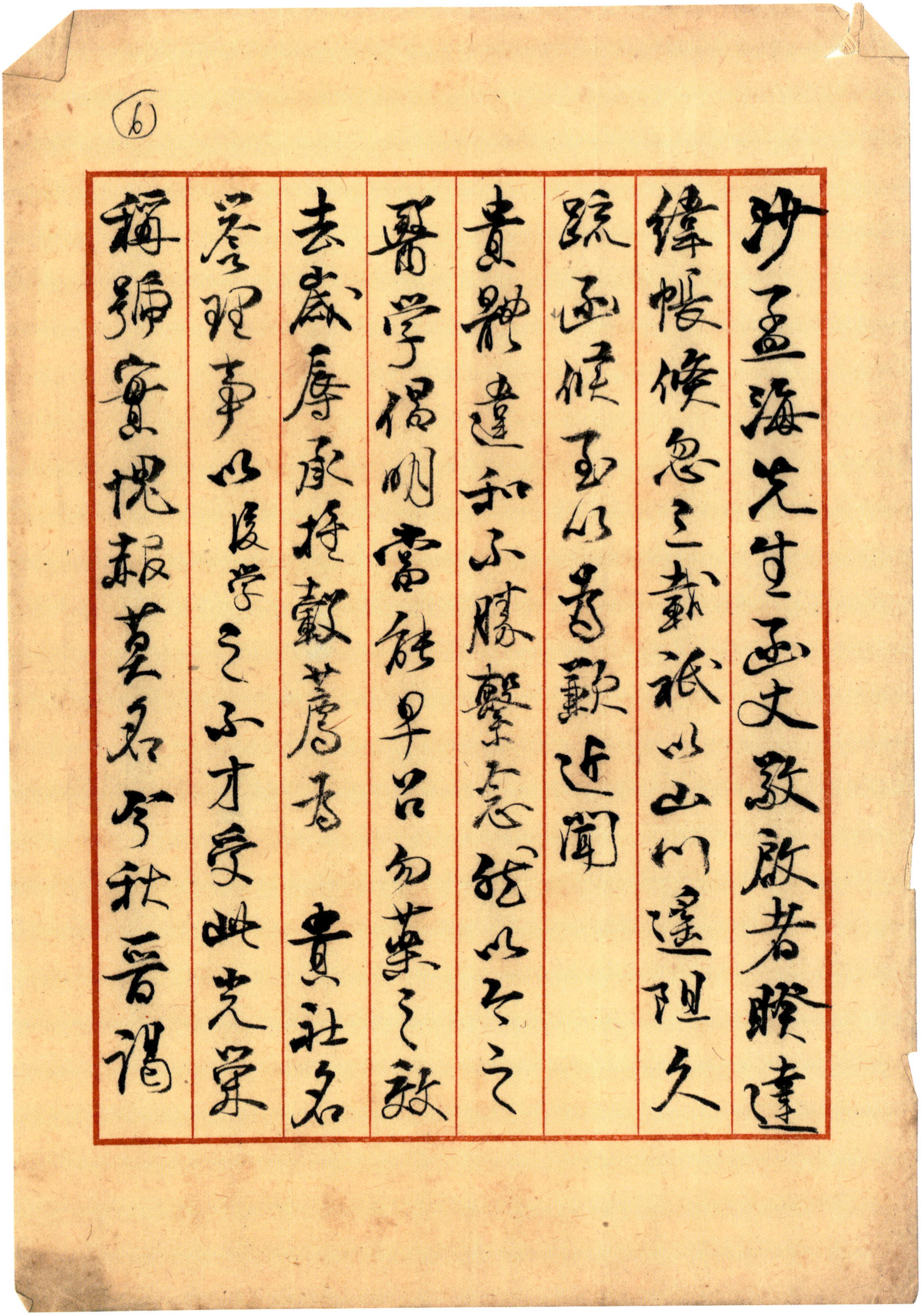

沙孟海先生函丈敬啟者曠違
緯帳倏忽三載祇以山川遼阻久
疏函候玉仞音歡近聞
貴體違和不勝馨念弦以
晉学偶明雷能早呂勿藥之歡
去歲辱承拌戴蓋蕎者
貴社名
譽理事以後学之不才受此光榮
稍稱實愧報茎名今秋吾譜

图 11—1　《小林斗盦与沙孟海书》之一

西泠印社特为以学举行颁授名
誉理事武典荷蒙
郭仲选刘江两副社长先後
各社兄莅临场而热烈隆重感
铭之馀自必愈厉鼐勉者中日
文化交流家副艺术事业谒
壹偏力以报
先生将丰尚祈时锡南箴以

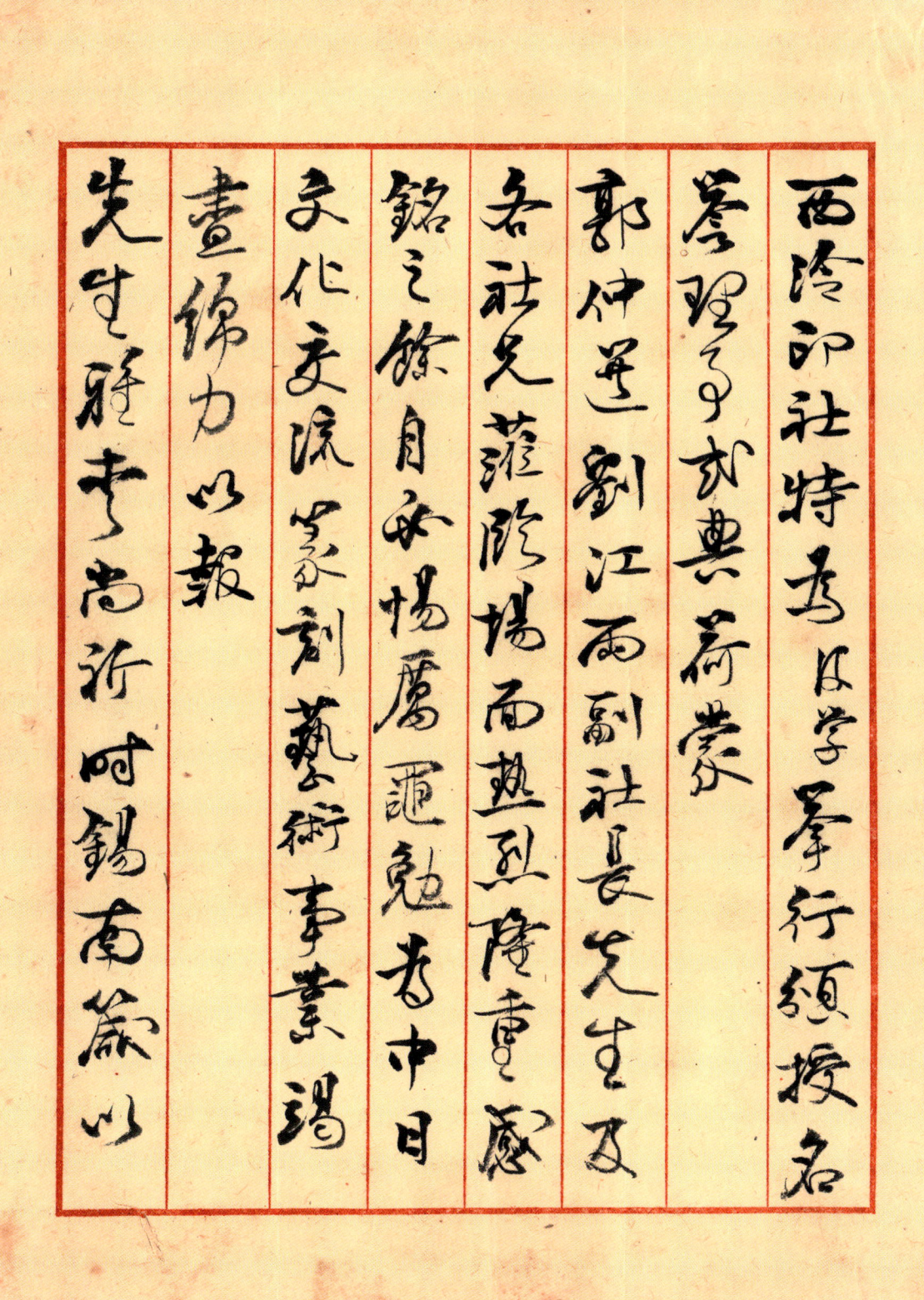

图 11—2 《小林斗盦与沙孟海书》之二

逮不逮是所至禱肅此鳴謝

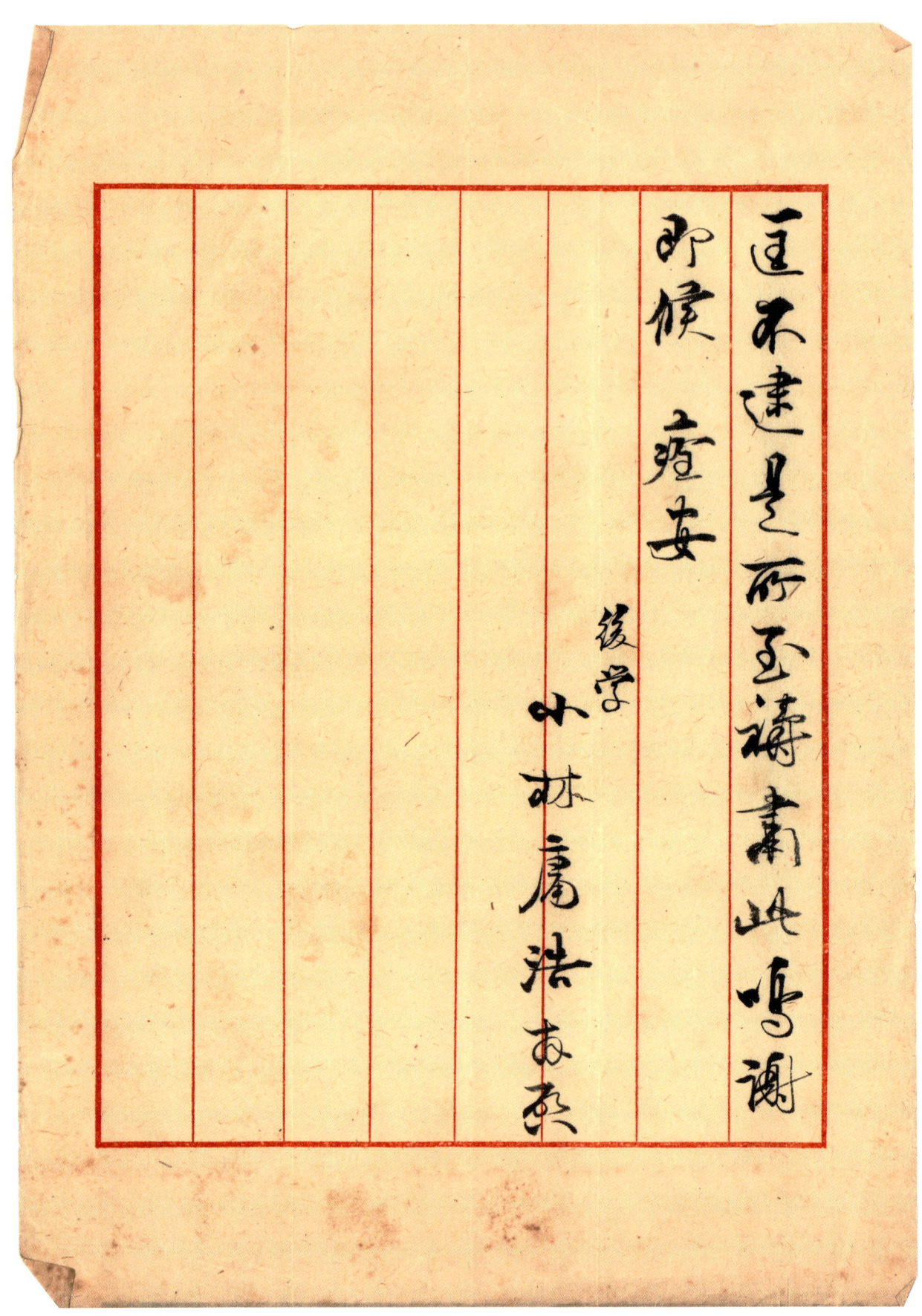

即候

癏安

後學

小林斗盦再拜

图 11—3 《小林斗盦与沙孟海书》之三

同时也记叙了1988年在日本东京、岐阜、大阪三地举办的西泠印社展"获得空前成功"的光辉事迹，令青山杉雨多年后仍记忆犹新，这充分说明了他以及日本书法界人士对沙先生的思慕与敬仰异常深厚。

（二）《泰山北斗·沙孟海先生》

这篇文章作于1992年10月15日沙先生突然离世后的第五日，青山杉雨在文中悲痛至极："接到沙孟海先生的讣报，我的心情非常沉痛。回想1980年的11月，我作为吴昌硕先生胸像奉送团的一员，访问西泠印社时，得与先生会面，那是我与先生的最初会面。那以后又经过几次的交流，先生成为我最敬爱的书法前辈。……我在拜阅了先生的书法及有关书法理论之后，受到了新的启示，也刺激了我的创作欲望。"[12]而后，他惊呼："沙孟海先生是本世纪中国最伟大的书法家，是我们书法界的泰山北斗……"[13]事实上，"书坛泰斗"之名，正是源于此。

（三）《小林斗盦与沙孟海书》（图11）

全日篆刻联盟会长、当代日本书法篆刻艺术泰斗、西泠印社名誉副社长小林斗盦（1916—2007）与沙先生常有书信往来，如沙先生曾致信邀请小林斗盦来杭："尊拟撰著室印斋印式与松谈阁印史论文，增光坛坫，深为钦企并将偕同友侣莅临杭州参加纪念会，尤所欣幸。"[14]沙孟海书学院收藏的《小林斗盦与沙孟海书》中亦有记："西泠印社特为后学举行颁授名誉理事式典……场面热烈隆重，感铭之余，自必惕厉电勉，为中日文化交流、篆刻艺术事业竭尽绵力，以报先生雅青。"流露出小林斗盦对沙先生及西泠印社的无限感激和殷殷之情。

（四）《沙孟海与梅舒适书》

收录于《沙孟海全集·书信卷》中的《沙孟海与梅舒适书》，提及沙先生邀请梅舒适赴杭参加西泠印社八十周年学术交流会之事，信中有云：

几度莅止，获奉教益，西湖烟柳，萦思难忘。今年十月印社成立八十周年矣，旧时春秋集会，观摩研讨不拘形式，煮石敲诗，作者蔚起，前辈风流清芬未沫，今次理事会决议于纪念八十周年之际，举行一次学术交流会，邀请社内外同人各就印学上研究心得准备论文，莅会宣读，探阐道艺，扬推古今。

先生高名绩学，藉甚东瀛，定有新篇增光坛坫，砥砺学问，敦睦友谊，对两国邦交亦多裨益，敬先邀约，亮蒙鼎诺。一俟题目确定，还祈先期赐书示及。引领光霁，神与俱驰。[15]

沙先生相信，以西泠印社为平台，必将为中日文化交流和友好往来，为篆刻艺术的推陈出新做出更大贡献，也必将写下新的历史篇章。

（五）《現代日中書道交流の一側面——今井凌雪先生を基軸として》

曾共同受教于沙孟海和今井凌雪中日书坛两位代表人物的河内利治在这篇文章

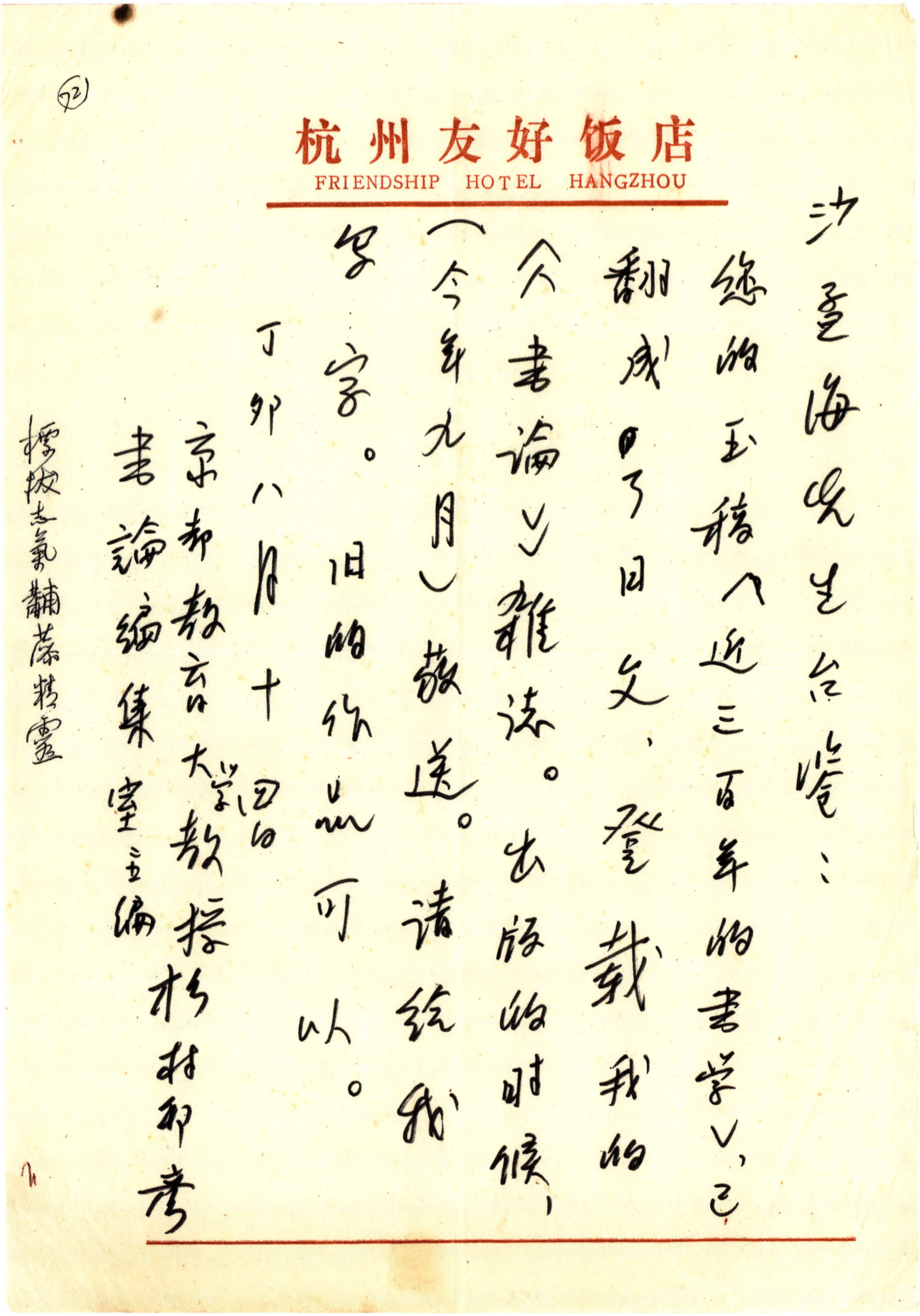
72

杭州友好饭店
FRIENDSHIP HOTEL HANGZHOU

沙孟海先生台览：
您的玉稿《近三百年的書学》，已翻成日文，登载我的《書論》雜誌。出版的时候，（今年九月）敬送。请给我写字。旧的作品可以。
丁卯八月十四日
京都教育大学教授杉村邦彦
書論編集室主编

摽拔志氣黼藻精靈

图 12　《杉村邦彦与沙孟海书》

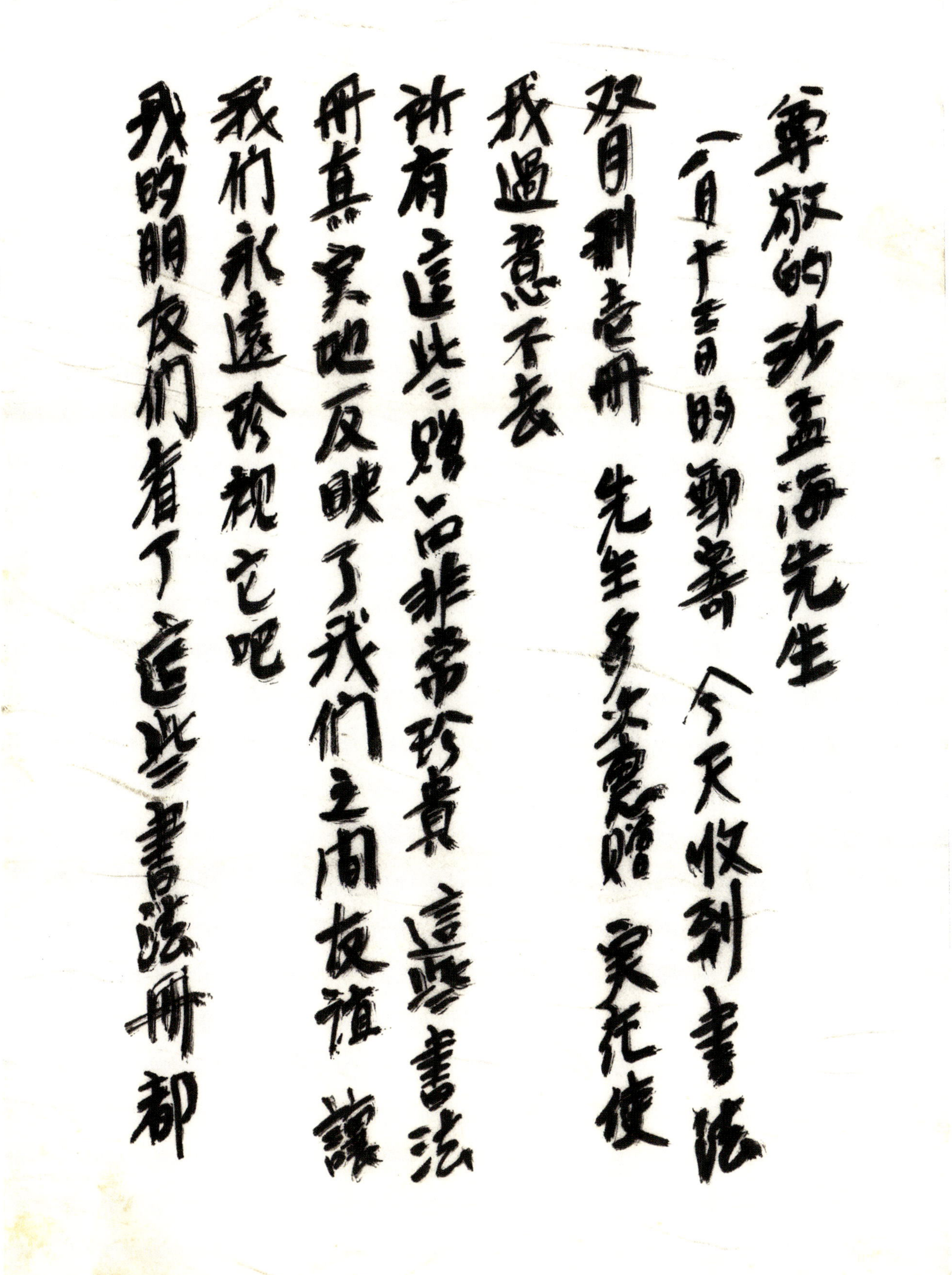
尊敬的沙孟海先生
一月十三日的郵寄 今天收到書法
双月刊壹冊 先生多次惠贈 實在使
我過意不去
許有這些贈品非常珍貴 這些書法
冊真實地反映了我們之間友誼 讓
我們永遠珍視它吧
我的朋友們看了這些書法冊都

图 13—1　《丸山正雄与沙孟海书》之一

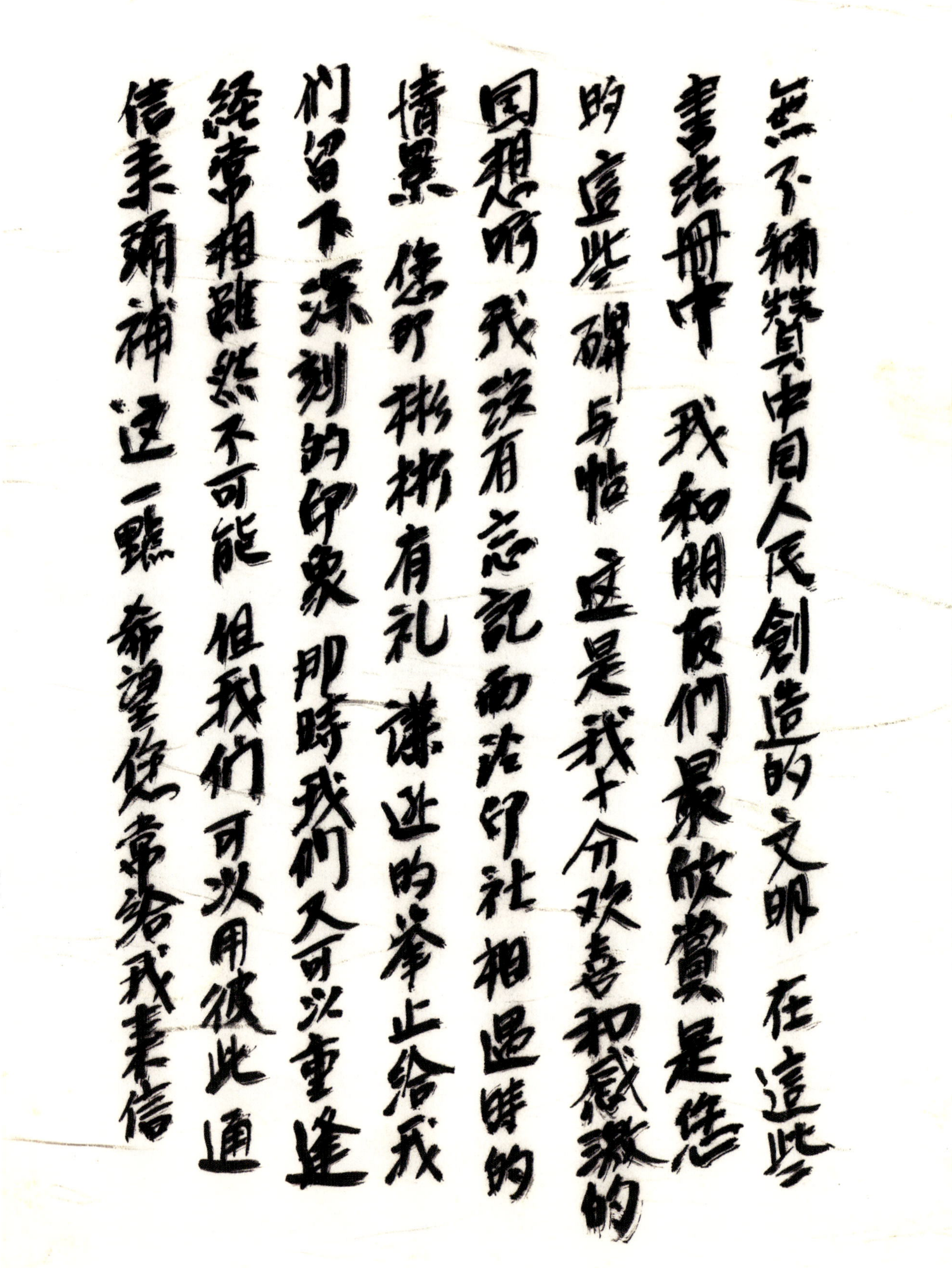

无不辅赞中国人民创造的文明 在这些书法册中 我和朋友们最欣赏是您的这些碑与帖 这是我十分欢喜和感激的 回想昨我没有忘记而没印社相遇时的情景 您所彬彬有礼谦逊的举止给我们留下深刻的印象 那时我们又可以重逢经常相离虽然不可能 但我们可以用彼此通信来诵神道一致 希望您常给我来信

图 13—2 《丸山正雄与沙孟海书》之二

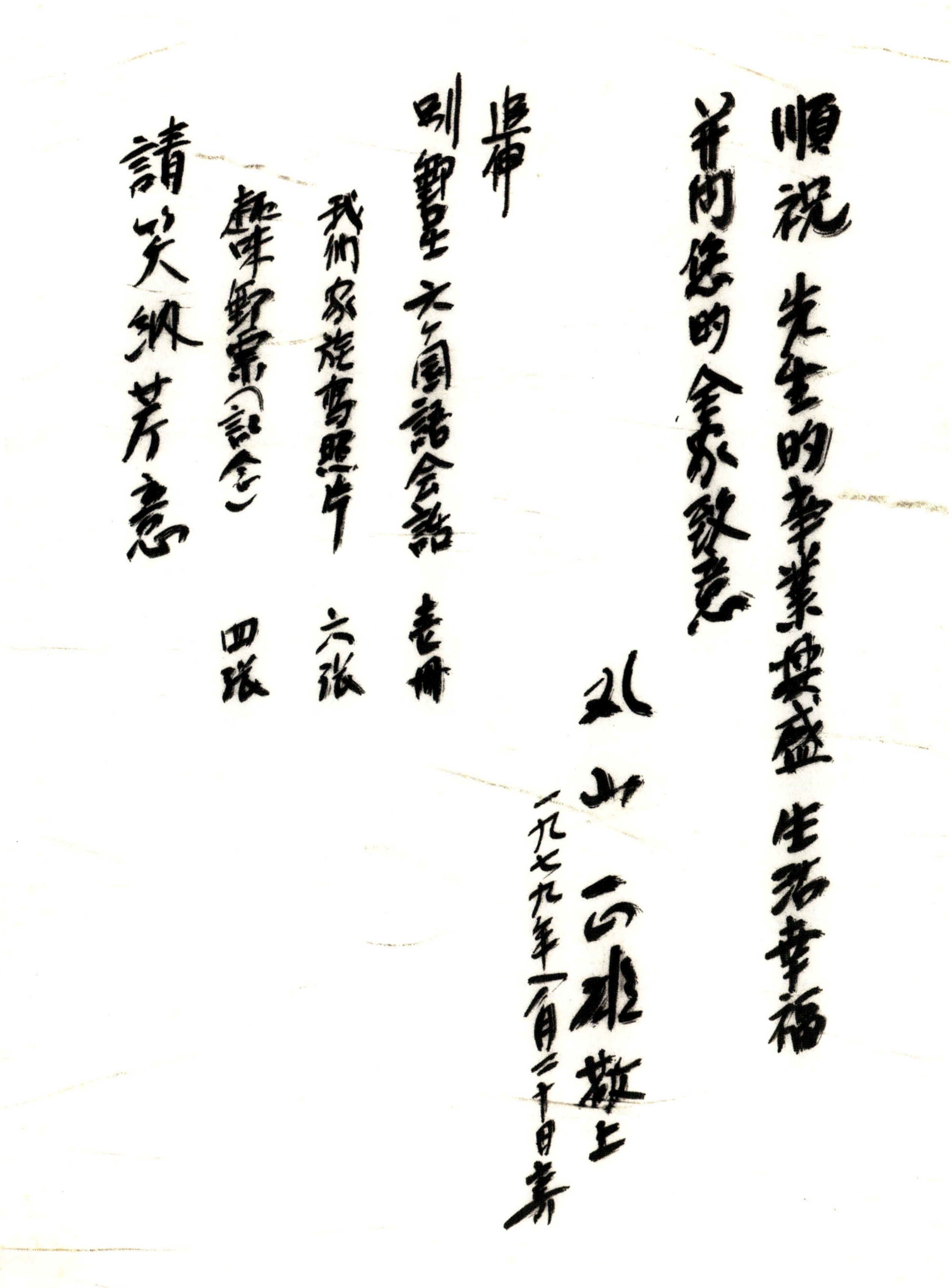

朱光墨气　照映瀛寰——沙孟海与日本的近现代书法文化交流略论　119

顺祝 先生的事业奥盛 生活幸福
并问您的全家致意

丸山正雄敬上
一九七九年一月二十日美

附
别墨 大字国话会话 壹册
我们家族写照片 六张
趣味野索（記念） 四张

请笑纳芳意

图 13—3　《丸山正雄与沙孟海书》之三

中，记述了沙先生与日本著名书家、书法教育家今井凌雪的交往："沙孟海先生の書は迫力において、呉昌碩と相拮抗する感があるが、その風貌には蘇東坡を懐わせるものがある。一九八八年、沙孟海が名誉館長を務める浙江省博物館文澜閣で、「日本雪心会書法展覧」が開催され、沙孟海書《行書対聯》「浄心抱冰雪、努力愛春華」。が賛助作品として飾られた。作品からは、言葉と相俟って、直向に日中書道交流に尽力する今井凌雪を力強く激励するかの如き沙孟海の情愛が感取できる。"[16]1988年日本雪心会书法展览曾在浙江省博物馆文澜阁举行。展览上，沙先生的一副行书对联给予今井凌雪极强的震撼，他称沙先生的书法有东坡遗韵，且压迫感极强，可与吴昌硕相抗衡。文章还提到，今井凌雪很早就开始关注沙先生，如早在1979年就曾拜读沙先生《碑与帖》（日文版）一文，"『新書鑑』一九七九年一〇月には、沙孟海「碑と帖」の翻訳があり、非常に早くから沙孟海を注目していた事だけは指摘しておきたい"[17]。

此外，如《杉村邦彦与沙孟海书》（图12）告知沙先生，"您的玉稿《近三百年的书学》，已翻成了日文，登载我的《书论》杂志。出版的时候，（今年九月）敬送"；如《沙孟海与松村茂树书》记录的是沙先生关于《近三百年的书学》这篇文章在日本翻译发表的修改意见："关于旧作《近三百年的书学》修改，单纯属文字上校正删补等小问题，对原文列叙评价意见今昔看法出入更多，故未着手，此点希望转向杉村。"[18]又如《丸山正雄与沙孟海书》（图13）言道："在这些书法册中，我和朋友们最欣赏是您的这些碑与帖，这是我十分欢喜和感激的回想啊！"丸山正雄（1941至今），乃日本知名动画制作人，亦擅书法与篆刻，曾与沙先生在西泠印社有过一面之缘。回国后，沙先生又多次寄赠作品寄给他。这通书信，便是丸山正雄收到作品集后，抒发对沙先生的欢喜和感激之情。

上述几则珍贵的文献材料，如实地记录了沙先生与日本友人交往过程中的点点滴滴。事实上，他本人对中日书法交流史亦有清晰的认识，尤其是在中日两国文化界，特别是书法界同仁，随着时代的发展，接触越频繁之时，他不仅认为"这是大好的现象"[19]，更提出"浙江省在中日两国书法交流史上，是重要的一页，因为中日两国最早发生交流关系的是我们浙江书法界、篆刻界的前辈"[20]。他甚至惊喜地发现："早在第四世纪，书圣王羲之，虽然出生山东，但十五岁时，他就跟着东晋政府到了浙江，定居绍兴，直到老死。所以他实际上是浙江人。第八世纪七十年代，王羲之书法东渡日本，受到日本朝野人士极度推重，流风余韵，被泽于今。再说篆刻学。从十七世纪清顺治时代开始，浙江杭州的独立和尚第一个把篆刻传到了日本，当时他定居在日本长崎。稍后，康熙时浙江金华一位心越和尚，应聘到日本江户定居，后来成为日本篆刻'江户派'的领袖。我们浙江前辈在中日文化交流史上起这么大的作用，他们的功绩是永远不可磨灭的。书法方面，从八世纪七十年代算起有一千多年的交往史，篆刻也有三百多年的历史。"[21]追溯既往，是为鞭策未来，他也曾《在吴昌硕先生胸像揭幕仪式上的讲话》上期望："我衷心祝愿中日两国人民的友谊如万里长江、巍峨的富士山那样与世长存！让我们携起手来，为继承和发扬我们首任社长吴昌硕先生的艺术传统，促进中日两国人民的友好往来和艺术交流而努力奋斗！"[22]他亦对印社的年轻后辈提出希冀："将来，西泠印社不仅国内老大哥，国际上也是老大哥，西泠印社要成为国际性的西泠印社。……日本对印学的研究一直未断，我们解放初断过一个时期，现在应赶上去，实物是我们多，我们工作一定要超过他们。……我们要争取做国际老大哥，要搜集资料。……能懂日文最好，年青人要培养起来。"[23]日本友人曾几次约沙先生访问日本，遗憾沙先生"自以未谙日语，不获与日友上下议论，畅所欲言"[24]未赴邀约。然笔者于沙先生《兰沙馆日录》1929年12月10日的一则日记（图14）中发现，他也曾一度在中山大学执教期间自学日文[25]，虽因生活窘迫而中断，却也多少可以感知他对于日本文化的关注与重视。

三、沙孟海推动中日书法文化交流的历史意义

从1961年参加与日本书道家代表团之交流活动开始，沙先生几乎亲历了中华人民共和国成立后以西泠印社和浙江美术学院为中心的中日书法文化交流的每一个重大历史阶段，他是历史进程的积极参与者。作为中国高等书法教育的奠基人之一，他以一己之力，构建了书法家应有的能力模型，肩负起留学生的执教工作，他是一位行动者。倘若谈论"书法学"学科的形成，书学、印学、古文字学、语言学、古器物学、文学、考古学……几乎没有一个领域能回避他的影响，几代人如饥似渴地阅读他的著作，青山杉雨、小林斗盦、今井凌雪、梅舒适、杉村邦彦、河内利治等日本著名书法家一一位列其中，他是一个书写者。

他甚至还是个思想者和变革者，在身处新旧思想与知识交替的时代，因受地域和观念局限难以适应现代化的艺术思潮而产生的忧患意识，成为了沙孟海的书法艺术和学术思想不断向前探索、不断发展的根本动力，令他的思维方式相较于同时代的书法家更具有引领性。归纳而言，他在中日书法文化交流史上的历史意义在于：

（一）文化纽带（集团意识颇浓）

以一社之长的身份，承前启后肩负起中日书法交流责任，如同一条不断向前拓展的文化纽带，成为继吴昌硕之后功勋卓著且无法替代的人物，以集团组合方式在

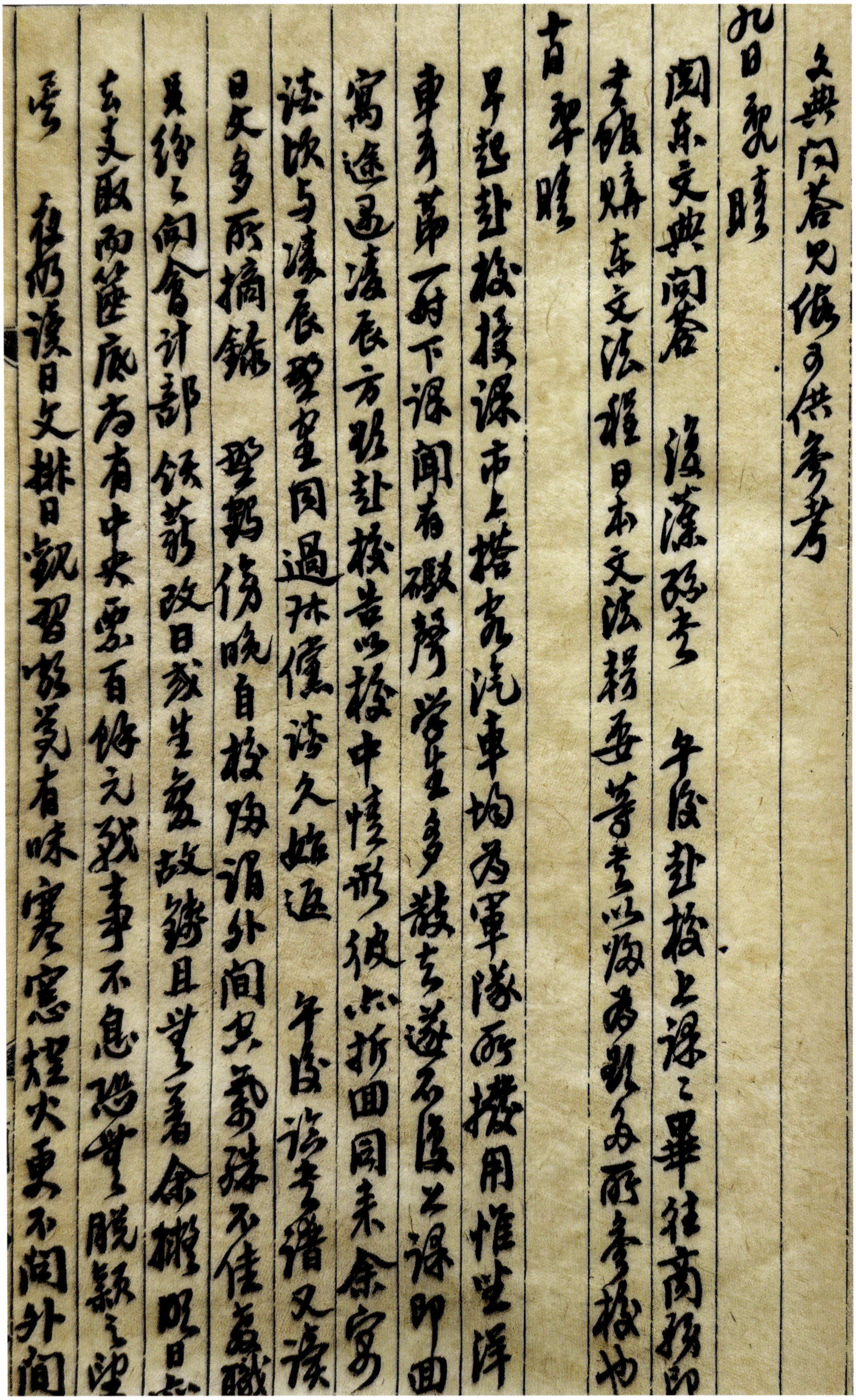

文典内容见他可供参考
九日阴晴
阅东文典阅毕 复读藻堂卷 午后赴校上课之毕 往商务印
书馆购东文法程日本文法稽垂等书以备备为新书所参考也
古翠晴
早起赴校授课 市上搭克汽车均为军队所拨用 惟步行
审考第一时下课 闻有警学校学生多散去 遂至匡庐之课即回
寓 途过凌辰方欲赴校告以校中情形 彼欣然折回同来 余写
法帖 与凌辰登堂同过林侃诤久始返 午后诸李潘又读
日文多所摘录 登鹅伤晚自校回 谓外间其事殊不佳 遂议
吴绍之向会计部领薪 改日或生变故 绩且当著余搬即日长
玄夜败雨 篷底为有中央票百好 元戎事不息 惶愧脱颖之沙
云
夜两读日文 排日讽习 恰觉有味 寒室煤火更不间外间

图14　沙孟海《兰沙馆日录》1929年12月10日

中日书法交流史上写下了光辉的篇章。

（二）教育枢纽（学科能力模型）

以美院教授的身份，承担起日本留学生的教学重任，总领书法学"学科"架构集于一身，呈现"书法学"学科大厦之巍峨，如同一个不断向外拓展的教育枢纽，更深地扎下了中日两国一衣带水的深厚情谊。

（三）知识桥梁（走向理论思考）

以研究学者的身份，将《印学史》和《近三百年的书学》等著述授权翻译出版，如同一座不断向前延展的知识桥梁，促进学术成果在日本书坛和学界的传播和影响，走向进一步深化的理论思考。

作为中国书法由传统向现代衔接和转换过程中的重要历史人物，沙孟海先生成为了中日书法文化交流的先导人物，亦以一人之力标志着现当代书法史上鼎盛辉煌的大时代，无怪乎日本画家藤原楞山为沙先生画像是也。

原载：卢炘、杨振宇主编《名家：傅抱石、赖少其、吴昌硕》，上海书画出版社，2024年。

注　释：

[1] 发表于《中国书法》2018年第9期。

[2] 引自沙匡世编撰：《沙孟海年表》，西泠印社，2000年。

[3][4]［日］梅舒适：《追忆我与沙孟海先生的交往》，《翰墨春秋——沙孟海先生纪念集》，西泠印社，1995年，第213页、215页。

[5][6]［日］河内利治：《恩師沙孟海先生筆〈逐録倪會鼎手跋一段〉》，《大東文化大學紀要》42号，第151—153页、第154页。

[7] 引自《浙江日报》1982年5月2日第四版。

[8] 沙孟海：《印学史日文版前言》，《沙孟海全集·印学卷》，西泠印社出版社，2010年，第239页。

[9][10]［日］中野遵：《沙孟海先生と「百年樹人」》，《早稻田大學图书館報》，1989年，第3页、第2页。

[11] 引自何晓英：《谈谈沙孟海先生的人品》。

[12][13]［日］青山杉雨：《泰山北斗·沙孟海先生》，《翰墨春秋——沙孟海先生纪念集》，西泠印社，1995年，第212页。

[14][15][18] 沙孟海：《沙孟海全集·书信卷》，西泠印社出版社，2010年，第98页、第99页、第241页。

[16][17]［日］河内利治：《现代日中書道交流の一側面——今井凌雪先生を基軸として》，《書學書道史研究》，2013年卷23号，第85页第85—86页。

[19][20][21][22] 沙孟海：《在西泠印社、日本日中书法交流史研究会联合举办的书法学术交流会上的致词》，《沙孟海全集·文稿卷》，西泠印社出版社，2010年，第472页、472页、472页、第462页。

[23] 沙孟海：《和杭州市文化局及西泠印社办公室有关同志的讲话》，《沙孟海全集·文稿卷》，西泠印社出版社，2010年，第487—488页。

[24] 沙孟海：《印学史日文版前言》，《沙孟海全集·印学卷》，西泠印社出版社，2010年，第239页。

[25] 沙孟海：《沙孟海全集·日记卷4》，西泠印社出版社，2010年，第1287页。

盂海老師墨前：

在滬上見一養痾人不先言彼可憂得生殊為懷恨非申言要亟乃萬本老矛掘裪伸煙華況因李老中乃眛恐甚匯完持木之文找尋齋帥之埋葬惟蒼碑聢題表家悉地釋寫此思英我挶刀何以此件奉怒務也於星期日寫就擲下麼刈蠣鑠碑监查趙柰因是甚事偷一丕兄買一碑也蜥盼迴漢元亡地除白

湖州太湖畔岩古道一件作

盂海先生：有芒前束立頁思，李詢問於安陽名錢

石戚，李殷墟土有石戚作

刑，並若石戌悅有
一玩有月石并作，此械石莱
東南於福坡始作巳礼
蓄擇地器击圭者 越南德化府岩古一件作

彤(曰) Linei-Guanchun, Archéologie du Pacifique-Nord, 第(02)圖
(T. M. Chipinch, RAS)

中國科學院考古研究所

往事篇

《沙孟海遗墨》序

一笔沉雄四野歌——沙孟海先生的书学成就

沙孟海社长关于西泠印社发展的学术主张

金石千秋 长沐春风——缅怀沙孟海师

中国文艺的体现者——沙孟海

陈兼善《致沙孟海札》

郭沫若赴苏前夕致沙孟海信解读

从《陈屺怀致沙孟海札》谈沙孟海早年代笔

往事篇

《沙孟海遗墨》序

启 功

沙先生的字，往深里看去，确实有多方面的根底修养；而使我最敬佩处则是无论笔的利钝、纸的精粗、求字人地位的高低，好像他都没看见，拿起便写，给人以浩浩落落之感。

我初次拜观沙孟海先生的字，是在北京荣宝斋。我既没见过沙老先生的面，也没看过他执笔写字。但从纸上得到的印象，仿佛有一股热气扑面而来。看他的下笔，是直抒胸臆的直来直去；看他的行笔，可算是随心所往而不逾矩。笔与笔、字与字之间，都是那么亲密而无隔阂。古人好以"茂密雄强"形容书风，于是有人提出"疏可走马，密不透风"之喻。其实凡是有意的疏密，都会给人"作态"之感。沙先生的字，往深里看去，确实有多方面的根底修养；而使我最敬佩处则是无论笔的利钝、纸的精粗、求字人地位的高低，好像他都没看见，拿起便写，给人以浩浩落落之感。虽年逾八旬，眼不花、手不颤，无论书信、文稿，都是不超出一厘米的小字。这只能归之于功夫、性格、学问、素养综合的效果吧！

后来，有机会见到了老先生，看他腰杆笔直，声音沉厚洪亮，接谈得知，他长我十二岁，真令我自愧蒲柳先零了。每见先生，总是以忘年相待。当我在"条件反射"的情况下执礼毕恭时，先生说："你再客气，我不和你做朋友了！"我不由得大笑，所笑不是别的，而是觉得像小孩所说"我不和你好了"似的。这句老天真的话，可惜当时没有拿录音机录下保存。我每到杭州，必登门拜谒，坐在小客厅里，先生也不太让谁上座，随便各找座位，就谈起天来。经过两三次，我发现一事，先生都是随手拿一把小椅靠房门处一坐。本来很自然，但仔细想来，那是这个屋中最末一个位子，是主人的位子。于是小中见大，使我得窥先生律己待人是如何严格的了。

每次酒席、游览之会，都不免有当场写字题诗的活动。我如果有什么临时打油小诗，写出稿来总要先呈先生看过，先生常常郑重地指出："这句不好！"我有时因为没明白不好何在，又当怎改，再问先生时，先生加重语气说："就是不好！"我在这"一喝"之后，也知道怎么不好和怎么改了。这"一喝"的情谊，应该有多么大的分量啊！

先生近年正在编辑有关书法史的一部稿子，许多方面，总是很轻松地交换意见。为什么说"轻松"，因为先生从来不摆出"不耻下问"的架势或口气，这样我也才毫无顾虑地陈述管见。有时拿过一篇写出的稿子，让我逐句看，我也"忘其所以"，指手画脚，先生竟像记笔记似的一字字在稿纸上改。事后，我清醒过来，大为后悔失礼，而先生欣然点头，似乎肯定了我背诵功课的及格。

由于居住南北甚远，我获陪杖履次数并不太多，每次见面，也不一定有什么问题讨论，默然片刻，也觉得有"虚往实归"之获。近几年，先生有一极痛心的事，我见面时不敢慰问，以免引他伤心，他只有"唉"了一声，就很明显地找个话题说起。可知他是能事事自寻排遣的。

我闻：静者多寿、学者多寿、书家多寿。我再补充一句："人所敬爱的人，必然多寿！"

一九八八年孟春启功敬识

原载：《西泠艺丛》2020年第1期。

沙孟海行书杜甫《宿昔》扇面

沙孟海行书秦观《赠苏子瞻》扇面

往事篇

一笔沉雄四野歌
——沙孟海先生的书学成就

王伯敏

沙先生对书论的一字之评,都是斟酌再三的,他的这种严正的治学态度,足为我们文学者示范。当时我正在撰写《中国绘画史》,与沙先生交谈之后,我仔细重阅了论明清文人画的这部分稿子。当我修改其中个别字句时,不能不想到这是受益于沙先生的启发。

人类发展从野蛮时代而进入文明时代。文明之所以可贵，即在于人类的语言，有文化，有丰富的智慧。自上古至近代，人类有无数杰出人物，他们在各个领域内，兢兢业业，推动社会前进。是故人活着，不能只为一己之温饱，要为社会、为人类不辞辛劳作出创造与贡献。历史是无情的，也是最有情的。历史对有创造与贡献的人物，无不载入史册，并为后进者的楷模。在我国文化史上，仅书法艺术一项，使人们永远忘不了的人物就有钟繇、王羲之、颜真卿、张旭、怀素、欧阳询、蔡襄、苏轼、黄庭坚、米芾、温庭筠、赵孟頫、鲜于枢、康里巎巎、宋克、祝允明、董其昌、王铎、邓石如、伊秉绶、包世臣、何绍基、赵撝叔，以至近代的吴昌硕，等等。我列举了这么多的名字，无非表示在历史上书法这门艺术有卓越贡献者不在少数。其实又何止这些先贤。至于当今的书法界，则推崇鄞县沙孟海先生，时人尊之以泰斗，先生必将在历史上与那些先贤们一样，永为人们所景仰。

在古今，凡受到无数人真正崇敬的，这才是获得最高的荣誉。沙孟海先生受人崇敬，除了他的人品端正外，还有如：

一、在艺术上，踔跞前人，独具创造；

二、在书学上，学养至深，立论贡献；

三、在时代上，放眼中华，承上启下。

由此三者，他便成为当代书法家中的重镇，也被当代书法家们公推为书坛领袖。

沙先生在书艺上独具创造。

如果严格地要求，沙先生大约从四十岁开始，他的书法，便有了他自己的面貌。当然，在他四十岁以后的一二十年中，并不是没有北碑或是宋、明书家的痕迹。但是他对待传统，贵在进得去，出得来。面对时流的优劣，固然有他自己的看法，但他总是先看人家优异处。沙先生虚怀若谷，故所容乃大。加之筑基厚实，所以他那独具的踔厉奋发的书体，便有着华夏多种文化的内涵。

沙先生的艺术创造，意味着数十年如一日的辛劳。我曾听他说起，他小时在鄞县乡间，习字的范本只有《圣教序》《黄庭经》等数种，就靠着这些本子临字一遍又一遍。他又曾说："当时临写下来倒有几分像，就是笔力纤弱，神韵不足，以此着实苦恼。"有一年，他在宁波书店看到梁启超用写欧字的方法临《圣教序》，觉得别开生面，很受启发，于是悟出："欲救纤弱之弊，宜在王字中掺加其他书法。"因此，他就大胆尝试，不出一二年，他的字迹，就收到了峭厉拔俗的挺劲效果。足见苦学、慧悟，是任何一个学者在科研路

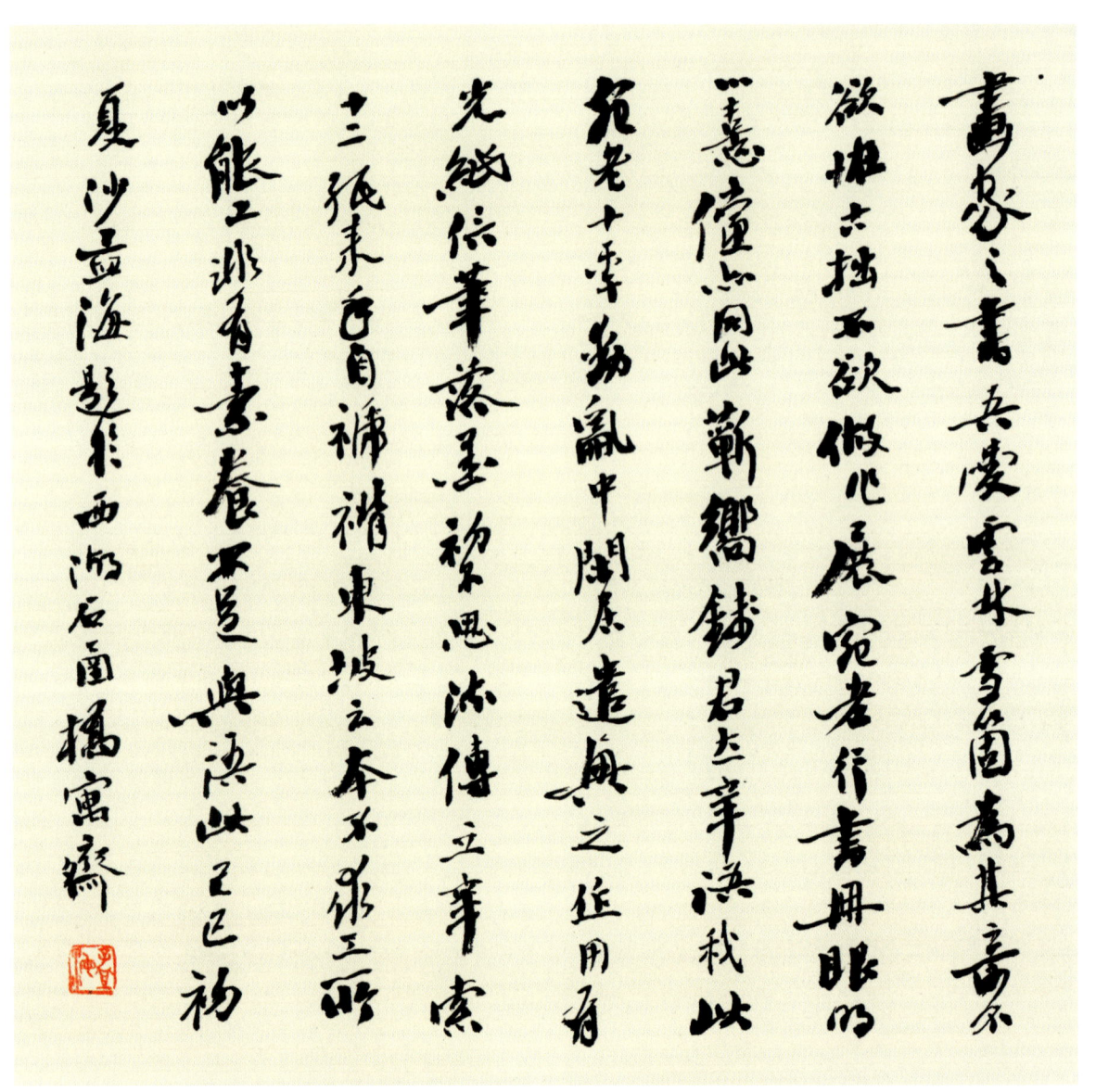

沙孟海行书陆俨少行书册跋，沙孟海书学院藏

上获得创造发明的先决条件。

近年，张令杭先生在论沙先生书法中有一段话，内云："我亲炙沙老，数十年来，常常看他振笔挥洒，如游龙舞凤，气势非凡，它的字早有人誉为'重磅炸弹'。他之所以能够独树一帜，还在于他的书外学问。"诚然是，沙先生对于学问，还致力于经史、古文辞以及文字学、金石学和考古学，所以对书法家的沙孟海，便有人称他"大学者沙孟海"。如果一个书法家，只能写一手好字，怎么能称之为"学者"？苏轼论书云："退笔如山未足珍，读书万卷始通神。"沙先生之书，被评为大气磅礴，雄强生风，这种"精神"何来？一句话，由于他是读书万卷，所以在他的书法作品中，就含有浓郁的书香味道。书法与绘画创作一样，

有学养的作家与没有学养的作家画的、写的味道不一样。我们不妨打开书法史来看看，历代凡称得上大书家的，无一不是学问家。

书法作为一种艺术，由于它有文化的内涵，所以能作为一个民族、一个国家文化发达的标志。对于书法的评价，固然可以在它的点画、间架、笔力上评优劣，但更应该注重书法的内在气质，才能看出它代表一种文化上升或者下降的真正标志。现在，沙先生已经给社会留下了无数作品，这些作品本身便是珍宝，它不只是有经济价值，其重大的价值还在于对文化的一种推动。沙先生之书，凝重质朴而通神，往往于凝重着力处见其巧，转折斜落处见其雄。概括言之，沙先生之书，力遒韵雅，出入穷奇。今书法界称沙先生的书法，为"沙体"。"沙体"二字，就道出了沙字的艺术风范，亦即沙氏的艺术创造。这种风范与创造的客观存在，其本身就是对历史、对人类所做出的文化功绩。

由于沙先生的博学，加深了他对书论的研究。更由于沙先生是书法、篆刻家，一生有丰富的艺术实践，故其论古人或近人之书法与篆刻，不仅在理，尤见贴切精到。评者以为沙先生的书论"近乎道矣"。日本一位学者评沙先生的书论"深入书道奥秘，揭示书道精微"，可见对沙先生书论研究的评价。

沙先生在书学、印学方面的论著，早在20世纪20年代发表于《东方杂志》时，即为学术界所重。尤其近二十年来之新作，更为书坛所传诵，其编著重要者，如《印学史》《沙孟海论书丛稿》及《中国书法史图录》等。至于专论撰述，如《近三百年的书学》《印学概述》《谈秦印》《书法史上的若干问题》《印学的发展》《印学形成的几个阶段》《古代书法执笔初探》等。每当他的论文在报刊发表，时人争读，影响及于海外。

沙先生书论，一是系统地整理并勾出了中国书法、篆刻发展的大轮廓，并给同时代研究者以重要思考；二是细微到专论一点或一个方面，给后来研究者以"小中见大"。一句话，他的论文，专拣常人不易谈者与常人未能谈又不能谈者而谈之，甚至具体到对"金石"与"篆刻"不分的异议，"碑"与"帖"之分及历代书家如何执笔，等等，他都做了一一考证与分析。文多旁征博引，言简意赅，为当今书法界所罕见。

沙先生治学严慎，思考周密，对每一个问题的研究，不辞辛劳。他在《董玄宰写智果论书卷跋》中提到董其昌论书"主淡"。"淡"字之义如何，为此他曾琢磨了多年。他在跋中写道："玄宰书迹，分间布白，了不异人。要其隽骨逸气，自有不可及处，为此卷（指写智果论书卷）神韵潇洒，驰不失范，可谓得淡字境界。"可知沙先生理解这个"淡"，落在"驰不失范"上。所谓"驰"，竟即是"逸"。则逸到"不失范"，这就是指笔墨于飘逸

宾虹先生论近代画推垢道庵石查二家谓有金石气宗邺中寿承居杭间写作猷劲积累盈筐此其言先片羽墨气弥满不可逼视甗鬴彝卣拔戟自成一队墨翰风气得之殆同抄墨以余稔识宾翁当显其弟昆命正

一九四二冬日沙孟海

沙孟海行书黄宾虹山水图诗堂
私人藏

潇洒中仍见法度，如是才能称得上书法表现的上乘，亦即书法表现的"淡"。他为此曾研究过晚明文人的文风，也研究过文人画的画风。记得20世纪60年代初的一天，在浙江文管会的小客厅里，他与我谈起了这个"淡"字，沙先生非常谦虚地说："画，我不懂，你看看董其昌的画是否'淡'，还有什么人的画也是'淡'。"

当时我觉得沙先生以"淡"论董画，实在内行不过，还有什么不懂？我却因为沙先生出了题目，只好回答道："论'淡'字，董画之外，诸如恽香山、李流芳的画，是不是也算'淡'？"沙先生听了首肯，认为这么具体一谈，问题就更加明确了。他还认为"淡"的内涵与清雅是相通的。从这件小事上知道，沙先生对书论的一字之评，都是斟酌再三的，他的这种严正的治学态度，足为我们文学者示范。当时我正在撰写《中国绘画史》，与沙先生交谈之后，使我仔细重阅了论明清文人画的这部分稿子。当我修改其中个别字句时，不能不想到这是受益于沙先生的启发。

沙先生在书法发展上具有承上启下的作用。

沙先生的学生陈振濂，写了一篇《沙孟海研究》的论文，发表于《西泠艺丛》十六期，开头有一段话，写在骨节眼上，文中曰："从研究的角度看，我想以他（沙先生）作为新旧书法进行交替更换时一位至关重要的承启人物——他身上集中了旧一代书法家最优秀的精粹，同时，他努力在许多方面又为我们提供了一些崭新的现代意识，这样的典型在当代书坛中是极难得的。"在艺术创造上，一个人能够称得上承启人物是非常不容易的。承上启下是竖一条有变化的，又有弹性的直线。"承"要下扎实功夫去承，因为传统文化作为滚滚的源，没有功力，没有学养，在源流的冲击波中，有的连站立都无能为力，还谈得上去"承"、去吸收精华吗？在承明、清法书之后的近现代书坛上，沙先生有其卓越的见识，发挥了自己的独立思考，补充了先贤书论的不足，所以博得老一辈书法家的同声赞赏，又得到当今中、青年书法家的拥护。在书法上做到承上启下，确非易事，在近代的画家中，仅黄宾虹称得上是在山水画方面的承启者；在书法家中，林散之也称得上承启者。"承"要取得精，"启"要有助书艺的开拓，沙先生在书法界的承后，不只在书艺上，还在他的书论上，可谓有功矣！

一言以蔽之，沙孟海先生为当今书法界的泰斗。鄞县是他的家乡，为其成立"沙孟海书学院"，其意义不只在体现沙先生的翰墨生涯，还在于建立一个具有时代特色的书学研究基地，更大的意义还在于弘扬民族的优秀文化，发扬爱国主义精神，有了具体的实施。

原载：沙更世、沙茂世主编《二十世纪书法经典·沙孟海卷》，河北教育出版社、广东教育出版社，1996年。

往事篇

沙孟海社长关于西泠印社发展的学术主张

陈振濂

沙孟海以印学研究为自己的"主业",因此他的研究,体现出明确的从古代印论方式向现代印学史研究方式的转换——从印学随笔札记到专题学术论文、学术著作的"研究方法"的转换。这种转换的意义是巨大的。

一代宗师沙孟海先生，既是一位书法艺术大师，又是一位学术泰斗。他以具有前瞻性的学者眼光，对于向来被称为"雕虫小技"的篆刻艺术以及西泠印社的学术发展，提出了明确的学术主张与文化定位。

印社之名，当然首先是得自于"印——篆刻"。在明清文人篆刻兴起之后，"以印会友"成了篆刻家之间交流的一般方式。西泠印社在创始之初，也遵循了这一传统的做法。每年两次的春（清明）、秋（重阳）雅集，即是印社中人互相交流、赏印论印，观摩研讨的最佳组织"载体"。而每十年一次的庆典，如二十周年时的"金石书画展览"，三十周年时的"金石家书画陈列展览"，四十周年补行（1947年丁亥）纪念活动中对历代印人的祭奠等，皆是以印交流的盛大活动。虽然当时没有正规的学术研讨，篆刻家们也不习惯于写论文宣读发表，但在"保存金石，研究印学"的宗旨映照下，西泠印社通过这些具有学术含量的活动来体现其研究风范，应当是毫无疑义的；但从根本上说，当时的"研究印学"还很难有近现代意义上的学术研究的性质规定，而更多地体现为"印论"与"书论""画论""诗论""文论"的相并列，还缺乏真正的学术规范与逻辑思考，这也是一个无可讳言的事实。故几篇《印学概论》（黄宾虹、傅抱石、潘天寿、沙孟海、马衡等著）的出现，已经预示着印学研究从传统的古典印论随笔方式，开始向有一定系统的、概论式的现代学术论文方式转型。这种转型，在历史学、文学、哲学方面，甚至是在美术学方面体现得非常充分，但在篆刻方面，却相当迟缓滞后。以此角度来看西泠印社的"研究印学"，恐怕更易见出的是文人士大夫雅玩风范，而不是现代学者的专业风范。

马衡是第一个讲求学术规范的社长，他的主攻方向是在广义上的金石学。对他而言，篆刻（印章）只是金石学中很小的一个分支，肯定不属于他的主要学术成就

抵死不作茧（附款）
沙孟海刻

的范围；而沙孟海则是以印学研究为自己的"主业"，因此他的研究，体现出明确的从古代印论方式（如《沙邨印话》）向现代印学史研究方式（如1964年《记巴慰祖父子印谱》、1966年《谈秦印》、1980年《印学形成的几个阶段》、1987年《印学史》）的转换——从印学随笔札记到专题学术论文、学术著作的"研究方法"的转换。这种转换的意义是巨大的。首先，这种新的研究指向，对沙孟海而言，是历史、文物考古与书法、篆刻并举。如在这一时期，他的书法论文《碑与帖》《书法史上的若干问题》《古代书法执笔初探》《两晋南北朝书迹的写体与刻体》，以及其他学术研究论文《助词论》《训诂广例》《家谱通例》《转注说》《〈海岳名言〉注释》《南宋官窑修内司窑址问题的商榷》等，同样是在实践这一从古代书论、文论向现代学术转换的过程。其次，他的学术论文有足够的"疑古精神"，每有宏文发表，必指向一个重要的学术课题，绝不无病呻吟、东抄西凑，更不人云亦云，毫无主见。如关于"秦印"名称的考辨、关于书迹与刻迹、关于执笔法问题……都是打破习惯认识，

南北两峰作印看（附款）
沙孟海刻

有殷勤之意者好丽（附款）
沙孟海刻

有理有据地提出新见解的好论文。如果是一般的文人士大夫印论札记方式，大抵是自娱娱人；而如果是严肃认真的学术研究，则当有感而发，每发必中。正是基于这一点，我们才认为，"研究印学"在吴昌硕时代，在印社四位创始人的眼中，与在沙孟海心目中的含义是截然不同的。正是因为不同，才体现出时代的变迁与学术规范的变迁。

在西泠印社史中，沙孟海是以明确的学术形象"自立"于印社的。早在1963年西泠印社六十大庆时，他即应邀作学术报告《印学的发展》。在随后的1964年，纪念吴昌硕一百二十周年诞辰暨孤山吴昌硕纪念室成立之时，他又应邀做关于吴昌硕治印艺术的重点发言。当时五十多岁的沙孟海，在西泠印社名家元老之中，已有鲜明的学者形象了。自1979年西泠印社七十五周年当选为社长之后，他更是为西泠印社的学术（而不仅是技能型的篆刻创作）大声呼吁。在此一阶段，有两个举措足以证明沙孟海的学术自信心，并体现出他作为社长、学术泰斗的原则立场。

其一，重视并坚持篆刻与印学的学科定位。

静耦轩夫妇心赏之符（附款）
沙孟海刻

雷婆头峰寿者（附款）
沙孟海刻

萧山朱鼎煦收藏书籍（附款）
沙孟海刻

1983年，适逢西泠印社八十大庆。沙孟海社长在庆典大会上发言，明确提出篆刻作为一门学科应该自立，应该把它从含混的"金石"概念中剥离出来，使篆刻能够以独立的艺术门类自立于艺林。他分析了金石学作为"学术"与篆刻作为"艺术"的根本区别；并指出，按传统的做法，"篆刻"依附于金石学，看起来是自高身价，其实反而丧失了独立性，不利于篆刻学（印学）自身的发展，因此应该予以澄清。沙孟海的宏论一出，在习惯于以金石指代印学、篆刻学的老一辈社员中引起轩然大波，许多老社员表示疑问，但王个簃、方去疾诸位则认为沙老的看法有道理而予以支持。沙孟海也非常和善又非常坚决地坚持自己的学术见解，直到几年以后，一些老社员才开始慢慢改变了原有看法。

应该说，由经受过现代学术规范训练的洗礼，又在学术转型过程中有过深切体会的沙孟海，以社长之尊登高一呼，会对篆刻学的学科建设带来极大的好处。它会使篆刻的学术边界更清晰，轮廓更分明，研究主体更具有主导能力，学术框架与体系也更具全面与综合性。这二十年来，西泠印社学术方面的实践证明，沙孟海先生的这一"廓清"具有极其重要的历史意义，为西泠印社的发展提供了一个现代学科意义上的学术支点。

其二，明确提出西泠印社应该是"国际印学研究中心"。

1988年，沙孟海社长又一次提出，西泠印社虽然有八十五年历史，但国内外以印聚社的例子越来越多，在新形势下，西泠印社唯有紧紧抓住学术研究这个命脉，打造学术核心，并使它在国际上产生主导性影响，这样才是"天下第一社"应做的工作与应尽的责任。在他之前，印社的宗旨本来是"保存金石，研究印学"，后又加了一个"兼及书画"。如前所述：如果把当时的"研究印学"大致定位为古代印论或论印诗形态的话,那么沙孟海社长明确提出建立"国际印学研究中心"的构想,则具有明显的以现代学术来统辖印学,并且以清晰的理论形态(学术论文与研究著作)来定位"研究"的性质。它在西泠印社史上,是前所未有的新理念与新目标。

一切艺术的创造实践,在行为与形态上必然首先表现为"术",即技巧形式的实践。而要使某一种"术"具有历史含义或进入历史进程,则建立在"术"基础之上的"学"的概括与综合,是必不可少的。在世纪之交,篆刻艺术有长足进展之时,各地印社的成立,林林总总,大抵是以创作实践,即"术"的内容来切磋交流的。西泠印社之所以能被尊为"天下第一社",是因为它的人才汇聚与学术指向——篆刻的创作实践与交流是题中应有之义,是每个印社无论大小皆会努力去做的,而理论研究,特别是有学科基础的、有高度的学术研究,却是绝大部分印社无法胜任的——只有像西泠印社这样既有百年历史,又囊括国内外人才精英、极具凝聚力的"元老大家",才有能力去做好这一工作。沙孟海社长有杰出的实践经验(可以《兰沙馆印式》为证),又有极强的学术意识和理论研究上的卓然大家风范(可以他的大量学术论文为证);此外,他还有足够的权威与号召力(可以他作为书法泰斗与西泠印社长的身份为证)。有此三者,则他提出"国际印学研究中心"之构想,自然是顺理成章的了。

在他任社长期间,每五年一轮的西泠印社国际印学研讨会的举办以及各种专题学术研讨会的举办,在他身后,中国印学博物馆的建立,无不是对他的"国际印研究中心"宏伟构想的积极回应。在社庆之际,我们积极筹备、策划的各项学术活动,也都是在认真实践着沙孟海先生的构想。在今后,随着西泠印社的又一次走向繁荣昌盛,可以设想,沙孟海社长提出的"国际印学研究中心"的目标,还会成为我们各项工作的指导方针。作为"天下第一社"的西泠印社,会以篆刻创作实践为基础,以学术理论研究与学科建设为目标,不断去创造真正的"国际印学研究中心"所应具备的新辉煌。

原载:西泠印社编《西泠印社百年图史》,西泠印社出版社,2003年。

往事篇

金石千秋　长沐春风
——缅怀沙孟海师

赵廷芳

　　金石千秋，长沐春风。如今孟海师谢世已快两周年了。遥望南天，思绪万千。面对案头上的"千秋"砚刻和悬诸座右的老师手迹，他老人家的音容笑貌立即涌现在眼前，恍如他仍在一旁督促、鞭策自己一样。

早在1926年至1927年间，我在上海修能学社就读，社长为冯君木先生，教师也多为饱学之士。沙孟海师为我们讲授"国文"，以四书、古诗词、古文选读等为课本。

作为青年教师，当时孟海师在古典文学和书法、金石等方面已卓有成就，是君木先生的得意门生。尽管如此，这些年里，他在授课之余，还师事吴昌硕先生，继续潜心攻习书刻艺术。可见他在治学上的虚心和勤奋，也是给予我们"言教"之外更为有力的"身教"。

在学社，我课余还从孟海师学习书法、篆刻。好在他住在学社里，而我正好是寄宿生，因此得以利用晚自习时间常往他的办公室（兼作卧室）跑，心想能多学到些书刻方面的知识。好在老师异常和蔼，如同对待自己子弟一样的亲切、耐心，从不厌烦我去打扰。遇到老师在治印，我就静心地在一旁看他从事篆刻的全部操作过程。老师看我如此专注，觉得有必要再提醒我几句，说："在篆刻上，各种技法固然要讲究，但尤为重要的是书法功底，也就是先要印稿起得好，然后再求刻得好。这里书法是根本。所以人们称刻印为铁书。一般书法是用毛笔写在纸上的，而刻印则是用铁笔（刻刀）'写'（实即刻）在印石上的。"这些深入浅出的精辟论说，使我

沙孟海像

在以后的岁月里，通过实践，逐渐加深了认识。

一天在课堂上，老师看到我桌上有一方砚刻习作，上边是一首唐诗。可就是书法太不像样，于是老师嘱咐我再去另买一方新砚来，要亲自为之书丹。不用说，那正是求之不得的大好事。买来新砚后，老师就用朱笔在砚盖篆上"千秋"二字，又用隶书写上年月和"之芬（我上学时用名）刊"等几个小字。老师则未署名。

有时课余去老师办公室，正好碰上他要写条幅、牌匾等，自然格外高兴，赶紧给老师研墨、铺纸，然后专心致志地看着

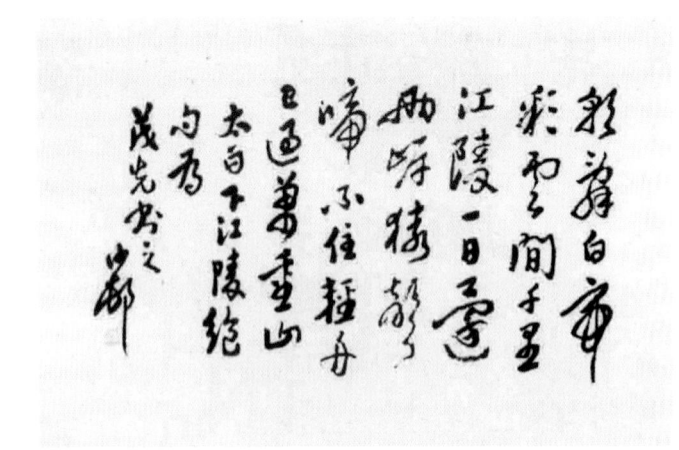

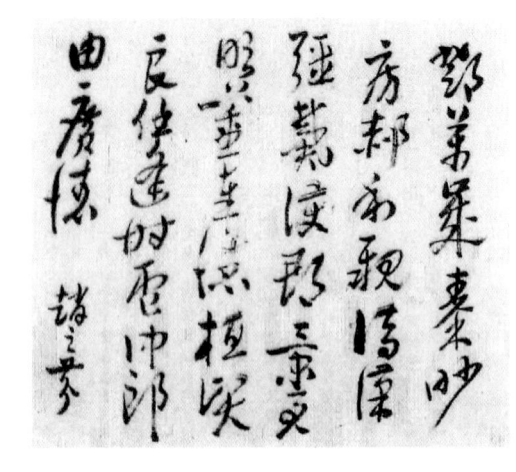

沙孟海早年书作

老师濡墨挥毫。不知怎的，总觉得看不够。记得当时新创办的"五和织造厂"那块大招牌就是看着老师写的，确是气派非凡。赶上老师手头空着时，我就趁机拿出准备好的小张宣纸，求到过老师的几件手迹，一直珍藏至今。

有一次，我新买到一支斗笔。一时兴起，就试着用新笔写了一副四尺行书对联："明月松间照，清泉石上流。"不用说也是写得不成样子的。老师看到后笑着说："真所谓初生之犊不畏虎，出笔倒是够大胆的。可还得在临帖上好好下功夫，先不忙写这么大的，你还驾驭不了它。"可不是吗？之后，我在相当长的时间里老老实实听从老师的这一教诲。

一般说来，童年时的一事一物记得格外牢固。回想起当年的学校生活和孟海师给予的谆谆教诲，一直记忆犹新。只怪自己用功不够，参加工作后由于业余时间有限，对书、刻已不经常研习，自然难得长进。

岁月不待人，几十年时光就这样蹉跎过去了。直至退休后始能有较多时间重理此项旧课。而这一爱好实出自当年孟海师给予的耐心诱导，其影响是极其深远的。

1981年5月，全国第一次书法代表大会在京召开期间，我有幸在相隔半个多世纪后重新拜见了孟海师。虽然他老人家年事已高，但依然精神矍铄，思维敏捷，我感到无比欣慰。那天我随身带去的有这方"千秋"砚刻和老师当年赐予的两件手迹，还有近年来自己的一些书刻习作。如同当年向老师交作业一样，请求法正。老师在展看他自己青年时代的手迹时，连声说："可笑！可笑！"（这是老师年轻时就常说的一句口头禅，听了备感亲切，用在这里带有谦虚、感慨等多种含义。）并赞许我这么多年还保存得如此完好。接着就审阅我的习作。对于行草书件，老师着重指出不足之处，说我用笔太"光"，要出点棱角，即圆中带方，以免流于"浮滑"。今后还是要以古人为师，多临帖、读帖，多观摩各种书展，吸取人家的长处。对我所临赵之谦佚名碑条幅受到了赞许，认为写得可以。（后来我又重临过一幅，参加了1987年在开封举办的"现代国际临书大展"。）对篆刻习作，要我仍在书法上下功夫，应该再多摹刻些秦汉玺印，以及明清以来各流派中自己所服膺的一些印迹。

这次谒见虽然为时短暂，但终究是一次极其难得的机会。它勾起我们师生间诸多意味深长的回忆，半个多世纪的往事浮现在眼前，恍如又返回到当年聆听老师讲课的遥远岁月里。就在谒见后第二天的书代会上，孟海师被选荣任中国书法家协会副主席。约一年半后，我加入了中国书法家协会。随后又加入了中国老年书画研究会。书刻作品多次参加展览，并在书刊上发表，刊入开封翰园碑林，或被收藏。

1992年10月中旬，从报上惊悉孟海师病逝的噩耗，感到非常突然。仅仅在几个月前，老师还亲自回家乡宁波参加"沙孟海书学院"的成立典礼。我在痛悼之余，刻了一枚印章，文曰"望海楼"，以寄托对老师的深切哀思与无限景仰之情。

金石千秋，长沐春风。如今孟海师谢世已快两周年了。遥望南天，思绪万千。面对案头上的"千秋"砚刻和悬诸座右的老师手迹，他老人家的音容笑貌立即涌现在眼前，恍如他仍在一旁督促、鞭策自己一样。老师赐予的春风化雨是源远流长，历久不竭的。桑榆非晚，蹉跎可补。正如

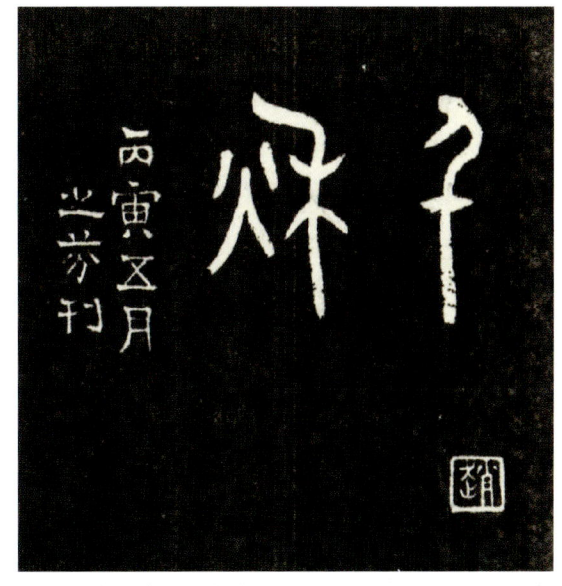

沙孟海《千秋》砚刻拓片

先贤所告诫的，要做到"老在须眉壮在心"，活到老，学到老。

原载：《民主》1994年第8期。

往事篇

中国文艺的体现者——沙孟海

（日）西岛慎一

沙老平日里寡言持重，不过一旦开口，其话语实在高深莫测。吴昌硕胸像赠送仪式时的讲话就是如此；兰亭书会举办的前日有一场讨论会，其在会上的发言亦是如此。像沙老那样，贵在站在全方位的立场发声，而不单是艺术，这也正是杉雨老先生敬重他的地方。

中国文艺的体现者——沙孟海　147

　　1983年西泠印社迎来创社八十周年，并举办了纪念大会。日本也组织了以小林斗盦和梅舒适两位先生为首的团组参加此次大会。在那之前的1980年，这两位先生参加了吴昌硕胸像赠送仪式，但是日本篆刻界与西泠印社的交流，是从出席此次纪念大会才开始的吧。青山杉雨老先生也被邀请，但他没有参加。不过他委托其他与会者赠送了这幅《吴昌硕印文及边款》。在落款处可以看到"西泠印社创立八十周年"这一行字。

　　在西泠印社的观乐楼里有张西泠印社社长沙孟海的照片，他端坐在获赠的吴昌硕胸像以及杉雨先生的作品前面，此乃象征日本书法界和西泠印社深度交流的一张照片。

　　沙老和杉雨老先生之间的交流屈指可数。初次会面是1973年杉雨老先生随第五次访华团访问西泠印社的时候，那时正值"文化大革命"如火如荼之际，双方只是打了个照面而已，没有深入交流。接着是1980年11月捐赠西泠印社吴昌硕胸像之际，二位先生亲切会面，当时还举办了笔会，宴席上也同桌，之后一起去参拜了位于超山的吴昌硕墓。再后来，第

沙孟海隶书条幅

沙孟海篆书条幅

沙孟海隶书《一日千载》

沙孟海隶书《百年树人》

三次江南游访问西泠印社之际也有过会面。1987年一同参加了兰亭书会，他们共同经历了在流觞曲水中相邻挥毫的快乐时光。

1988年在东京和大阪举办的西泠印社展，是在沙老的强烈推荐之下，杉雨老先生才决意举办的。关于其具体经过，我在《青山杉雨文集》卷四的解说中做了详细叙述。杉雨老先生为提前了解西泠印社展出的作品，访问了西泠印社两次，但是没有和沙老见面。

如上所述，二老的直接交流不多，但是实际上杉雨老先生对沙孟海是极力推崇的。首先是通过对作品的印象，杉雨老先生认识到沙老是一位对书法艺术抱有雄心壮志的同道中人。然后最重要的是，他感触到了沙老那种悠然从容的态度及敏锐感。

沙老平日里寡言持重，不过一旦开口，其话语实在高深莫测。吴昌硕胸像赠送仪式时的讲话就是如此；兰亭书会举办的前日有一场讨论会，其在会上的发言亦是如此。像沙老那样，贵在站在全方位的立场发声，而不单是艺术，这也正是杉雨老先生敬重他的地方。

这里所说的全方位的声音是指杉雨老先生从台北的林柏寿、台静农，香港的刘作筹、饶宗颐，以及南京的林散之等这些人身上感受到了他们呈现出的中国文艺的品质。杉雨老先生被这份力量，或者说是被文艺历史自然传承的那份态势所打动了吧。在此觉悟中，杉雨找到了致力于书法艺术的意义吧。

沙老的书法史观具有特色。1930年，

约摸三十岁之时在《东方杂志》上发表的《近三百年的书学》，是从独特的观点来评论明清两代书法家的大作。其中，他对董其昌的评价低："笔力怯弱"，书法水平不如其理论水平。在比较倪元璐、黄道周和王铎等三人的艺术后，沙老认为倪、王上有媚态，对黄道周的评价最高，甚至说"可以夺王铎之席的，只有黄道周"；对于赵之谦，沙老认为"拙的气味少，巧的成分多"，持否定态度。对于吴昌硕，他认为："他的用笔，也用邓法，凝练遒劲，可以继美。"评价为古朴。很明显，他对吴昌硕的评价高于赵之谦。

沙老晚年的作品致力于这种古朴书风的展开。1966年中日文化交流协会组织策划的《中国现代书道展览》，是与谦慎书道会展一起举办的。沙老也有一幅作品被展出，其明显带有米芾和王铎的书风。当时沙老六十六岁，若以古朴为宗，脱离王铎的华丽之风是必然之行吧。

在中日战争年代，沙老侨居于重庆，据说平日里临习《淳化阁帖》中的王献之书法。通过临帖学习，应该悟到了以古朴为宗的书法姿态吧。如果这份领悟形成了那种风格，我们是会有所领会的。另外，书法的好坏意味着什么，就如同沙老的作品所展示出的，至少不是依赖于技术的高度。

原载：《书法》2019年第10期。

> 往事篇

陈兼善《致沙孟海札》

方爱龙

本札原件现藏宁波鄞州沙孟海书学院。札中"骝公"即朱家骅,自1931年始,沙孟海追随朱家骅,勉为朱氏在南京中央大学校长、教育部长、交通部长、浙江省政府主席等任上的秘书十八年之久,主要分办朱家骅的私人应酬翰墨文字。

【质地】纸本

【尺寸】30.5cm×20.7cm×2

【释文】孟海老兄：别三年矣。七月归国，思在国内研究机关谋一栖枝，而终不可得。乃复来粤，担任勷勤大学师范院博地系主任，兼授《无脊椎动物学》及《组织学》功课。此间一切草创，一丝一缕均须从头办起，每日烦忙，至无暇握管与朋辈通音问，甚无谓也。弟来粤前，騮公曾嘱转告中大生物系中人检寄标本，为其故乡小学授课之需，现已与生物系主任董爽秋商妥。请兄转询騮公，即将该小学地址开示，以便装寄。此上。谨请公安！弟陈兼善顿首。十一月廿五日。

陈兼善（1898—1988），字达夫，号得一轩主人，浙江绍兴诸暨店口镇人，著名动物学家、鱼类学家、教育家、中国鱼类学的奠基人之一。陈兼善民国元年（1912）考入"浙江两级师范学校"初级部，为1913年改名"浙江省立第一师范学校"的第三届学生，1917年夏毕业。在校期间，因爱好篆刻，并对李叔同等名师素抱敬仰之心，于甲寅（1914）九月加入"乐石社"，成为首批社员，并被推选为该社首届四名庶务之一。《乐石》前八集收录其所刊印章凡十六方（含边款），另有合作印章一方。乙卯（1915）六月，李叔同主持编纂《乐石社社友小传》有记："陈兼善，字达夫，诸暨人。嗜古金石之学，天资尤聪颖，故学印仅一岁已深入汉人堂奥。"1917—1921年，陈兼善被保送入北京高等师范学校博物部学习，其间又因经亨颐的介绍，得与书画篆刻名家陈师曾、陈半丁、王梦白等相识，课余继续学习篆刻与书画，艺事更进。1921年加入"南社"。其后，其一生喜爱金石书画，兼擅诗词。

北京高等师范学校毕业后，陈兼善曾任上海中国公学中学部校务主任、商务印书馆编译所编辑；1926年8月至1927年2月，任上虞春晖中学校长；1927年秋南下广州，任国立中山大学动物学系教授；1931年至1934年，赴法国巴黎国家自然历史博物馆鱼类研究所、英国伦敦大英博物馆研究鱼类学；1934年8月回国。本札即为陈兼善归国后的1934年11月25日所发。陈兼善时任广东省立勷勤大学师范学院博地系主任、教授，所以使用的是该院公函信纸八行笺。受书人沙孟海（名文若，1900—1992）是著名金石书法篆刻家、语言文字学家、考古文博学家。札中"騮公"即朱家骅（字騮先，1893—1963），自1931年始，沙孟海追随朱家骅，勉为朱氏在南京中央大学校长、教育部长、交通部长、浙江省政府主席等任上的秘书十八年之久，主要分办朱家骅的私人应酬翰墨文字。本札原件，现藏宁波鄞州沙孟海书学院。

原载：《杭州师范大学学报（社会科学版）》2024年第2期。

勤大學師範學院箋

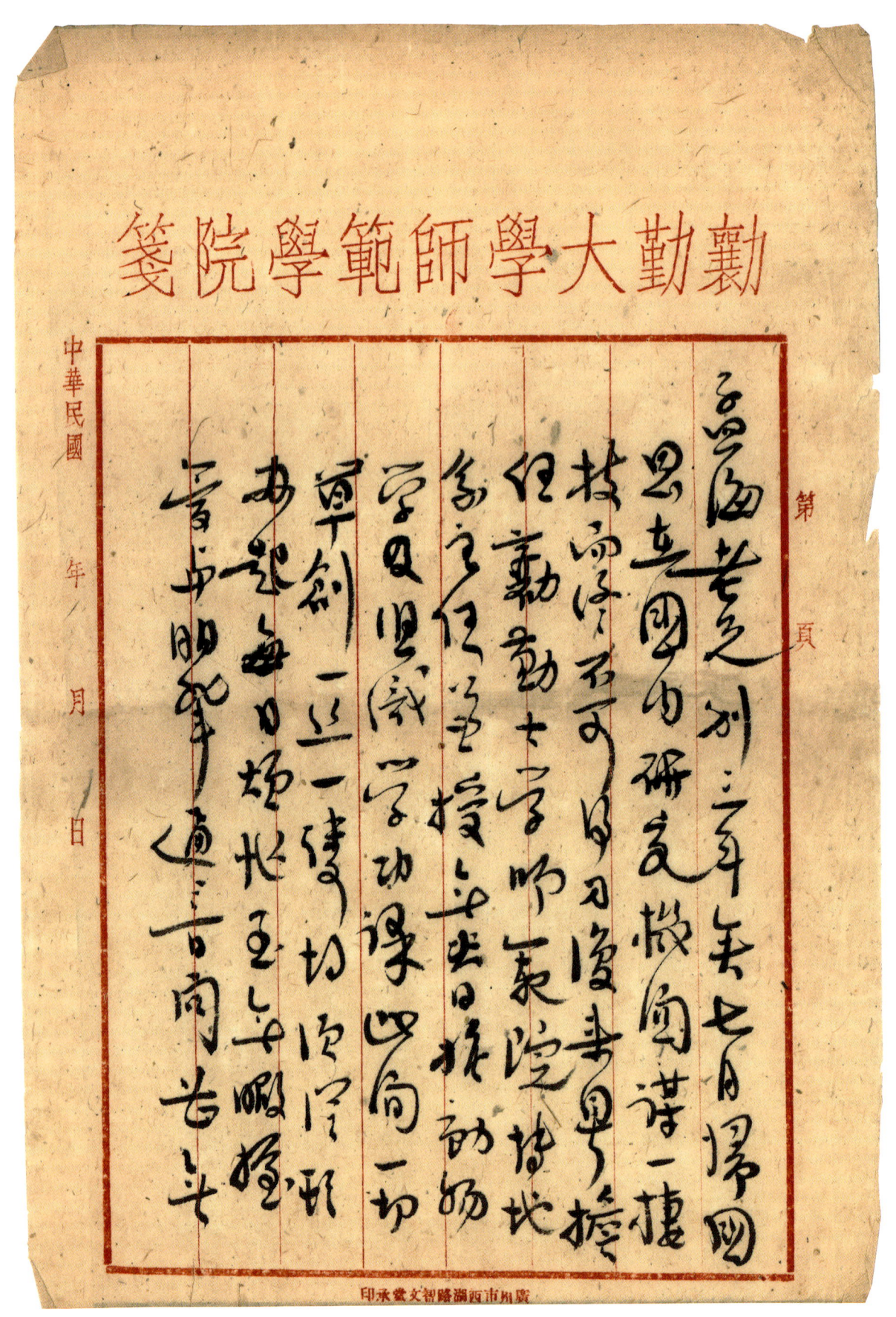

孟海老弟：別三年矣，七月歸國，思立團內研究機關謀一棲枝，而浮去耳，自日復專，更擬但勸勤大學明春擬招，合之但等授上半省推動物學及歷(?)學功課四個一切，學又但感，學剑一並一俟切項切耶，母題每日搞北至上哪裡，當此明筆，通言向老乎

陈兼善致沙孟海札之一

勷勤大學師範學院箋

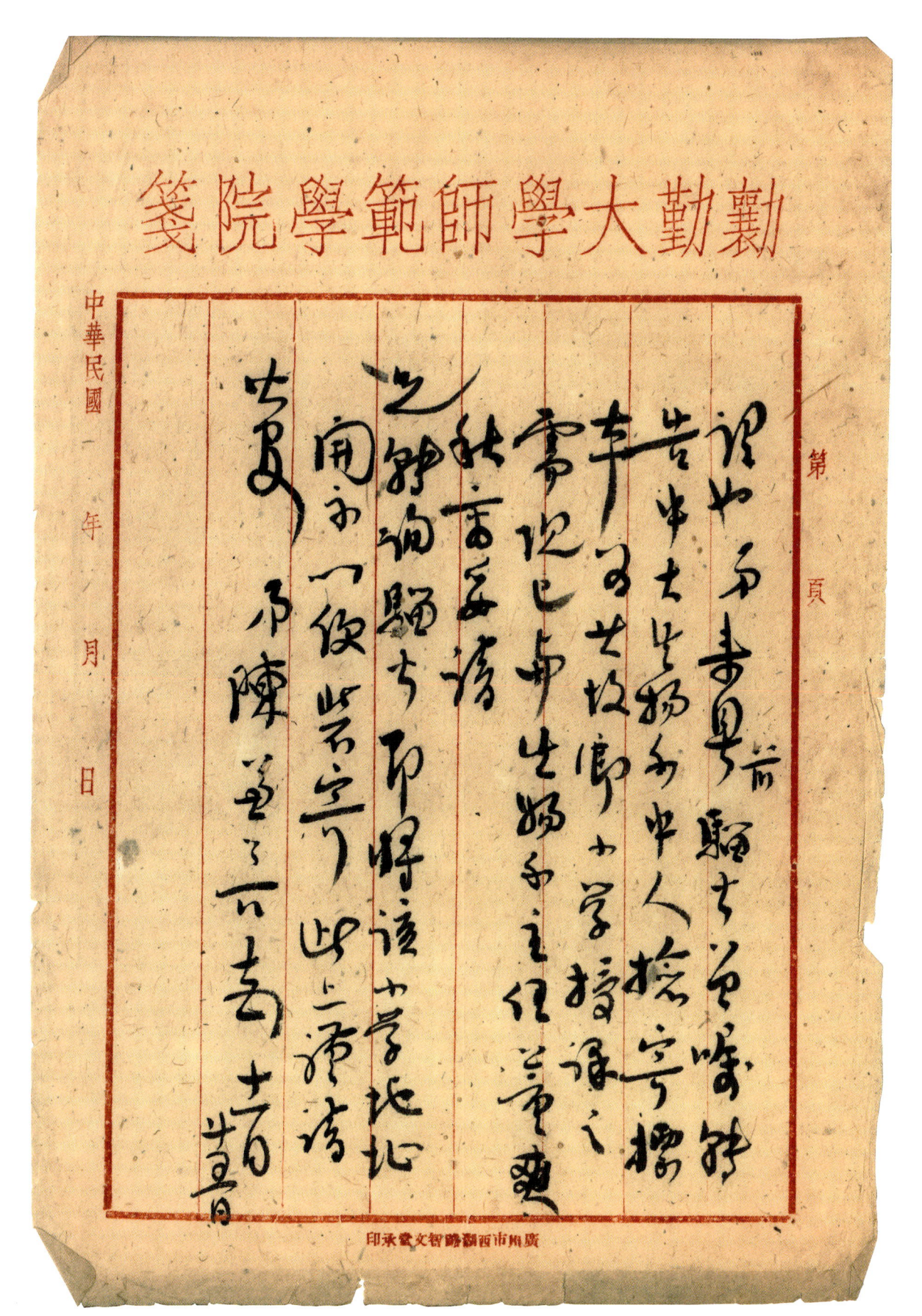

孟海吾兄道席前
告此生由勷勤中人撿寄擴
專另以故鄉小學撐保之
需此已命生擬函主任信善兄
秋審安慶
之鍾詢駸奉印將該小學此地
聞於役此些可此上頌清
專不陳筆之弟陳兼善

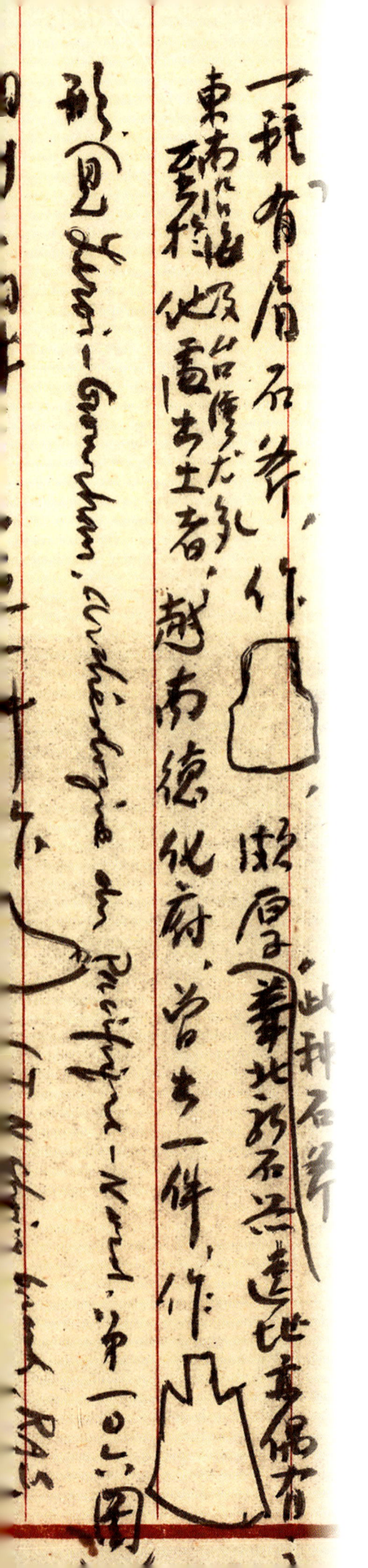

往事篇

郭沫若赴苏前夕致沙孟海信解读

刘运峰

郭沫若的这封信，一直由沙孟海珍藏。

沙孟海有保存师友书札的习惯。早在 1922 年，他就将师友书札装成一册，宁波名士张让三见到后，大为赞赏，欣然题记进行鼓励。此后，沙孟海辗转上海、广州、南京，抗日战争时期又避难武汉、重庆，几经战乱流离，图书典籍、文玩字画大多散失损毁，唯有师友书札完整地保存下来。

孟海先生大鉴：

逐启者，关于苏联科学院邀弟出席纪念会事，弟有函陈报骝先部长，恳为转达。关于出国申请手续由贵部所规定者，尚有何项程序应即遵循，请面告植耘兄，以便即行遵办。诸费清神，当力图后报也。

专此顺颂

时祉

郭沫若顿首
五月三十日

以上，是郭沫若致沙孟海的一封信。

这封信没有收入《郭沫若书信集》和《郭沫若佚文集》，《郭沫若年谱长编》也未见记载，因此算是郭沫若的一封佚信。

这封信写在"沫若用笺"的专用信纸上，未署年代。但根据内容判断，这封信应写于1945年5月30日。

根据《郭沫若年谱长编》记载，1945年5月28日晚上，苏联驻华大使费德林来到郭沫若寓所，带来了苏联科学院成立二百二十周年纪念大会的邀请信。同时被邀的，还有集剧作家、物理学家、乐器工艺家于一身，时任中央研究院物理研究所所长的丁西林。这次邀请无论是对于个人还是中国政府，都是一件大事。郭沫若的副手、担任国民政府军事委员会政治部文化工作委员会（简称文工会或文委会）副主任的阳翰笙在当天的日记中写道："晚见报载苏联科学院将于本年六月十五日在莫斯科、列宁格勒召开第二百二十周年庆祝大会。郭老和丁西林均被邀出席。这真是一件非常令人快慰的好消息。在今天这种时候，郭老能够走，自然比留在这儿受气好！"

5月29日，郭沫若陪同费德林前往重庆北碚访问丁西林，面交邀请信。对于这件事，阳翰笙在日记中是这样记载的："郭老与费德林到北碚看丁西林归来。我在会内碰着他，问他走的事情怎么样。他说：很难说，也许别人不让我走也说不定。"阳翰笙随后感慨道："如果郭真会走不成，那我们的国家真不知会成什么样的国家去了！"

对于能否成行，郭沫若也没有十足的把握，因此在5月30日专门给沙孟海写了这封信。信不长，但涉及以下几方面的内容：一是请沙孟海转达给教育部部长朱家骅的请示信，二是询问关于申请出国手续的相关规定，三是具体的办理程序。信中还隐含着两层含义：一是试探朱家骅的态度，二是表明自己赴苏的打算，有一点"逼宫"的味道。

朱家骅（1893—1963），字骝先，浙江吴兴人。1945年1月任国民政府行政院

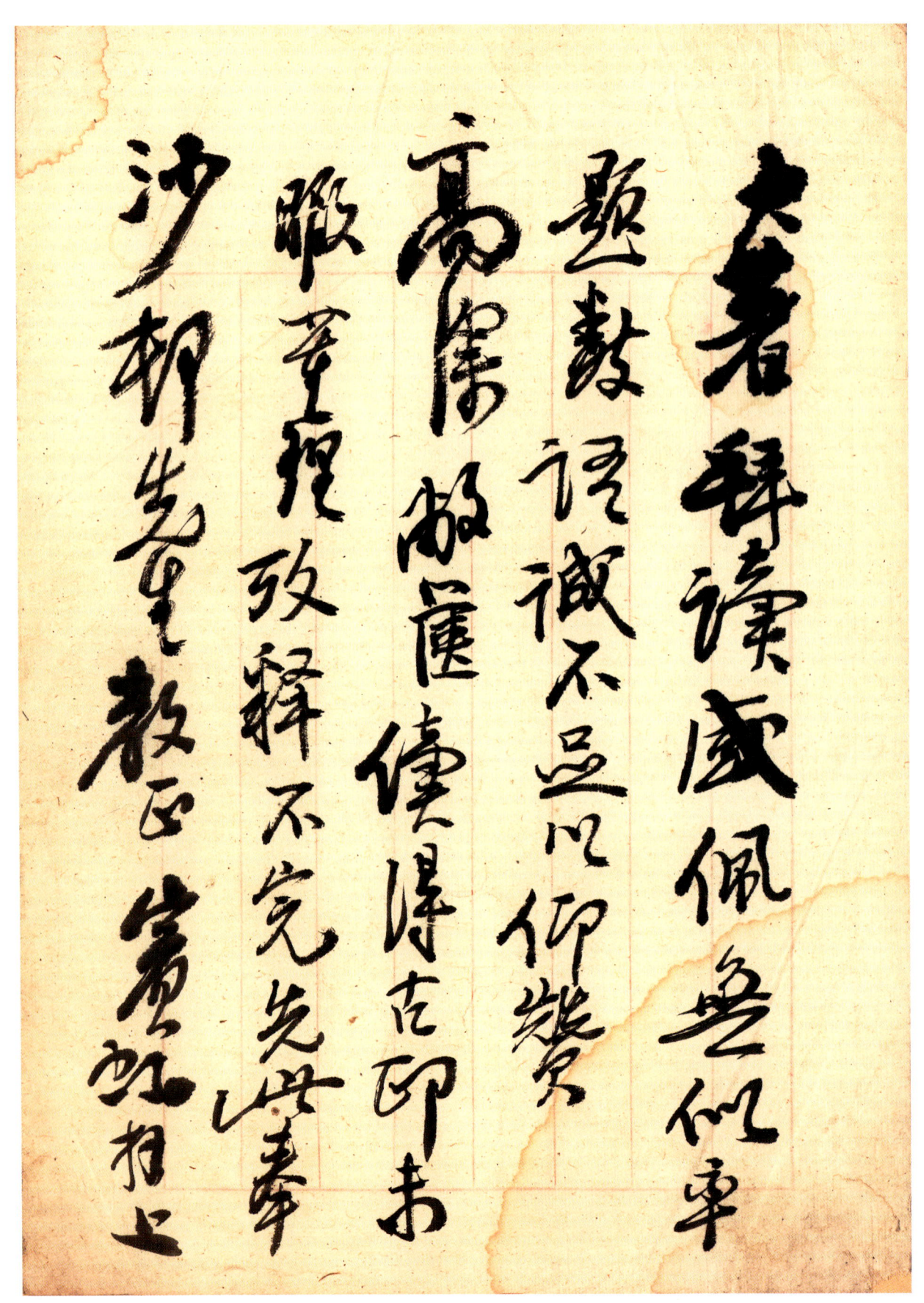

孟海读感佩无似率
题数语诚不足以仰赞
高儒敬希俟得古即并
瞩正璧致释不完先此奉
沙邨先生教正 宾虹叩上

黄宾虹致沙孟海函（1951年）

教育部部长等职。沙孟海时任朱家骅秘书。

信中提到的"植耘兄"是翁泽永，1916年生，浙江余姚人，早年就读于上海沪江大学。抗战时期，参加第三战区第三游击支队。1938年参加郭沫若领导的政治部第三厅文化工作委员会，任郭沫若秘书至抗战胜利。

郭沫若出国的事情办得很顺利。6月5日，蒋介石亲自召见郭沫若，准其赴苏联出席纪念活动。阳翰笙在日记中写道："听说蒋主席今天要召见郭老。据许多朋友推测，大半蒋是会准郭去苏的。唯愿这样才好。"6月6日，阳翰笙来到郭沫若家，郭沫若将受到蒋介石召见的事情告知了阳翰笙。对此，阳翰笙日记是这样记载的："到郭宅得晤郭老，始悉昨日谈话结果，蒋已准郭去苏。这真是令人大感快慰的一件好消息！"随后，蒋介石同意郭沫若赴苏的事情迅疾传开。当天，郭沫若出席中苏文化协会为欢迎苏联新任驻华大使彼得罗夫、庆祝苏联红军胜利而举行的酒会。会上，郭沫若即将赴苏自然成为谈话的中心。在场的宋庆龄、邵力子一再为他干杯，祝他一帆风顺，完成使命。

6月7日，郭沫若前往中共中央南方局办公所在地曾家岩50号周公馆，出席由中共南方局工委书记王若飞为其举行的欢送会；晚上，又出席了马寅初、柳亚子、陶行知、邓初民、阳翰笙等人为其饯行的宴会。

6月8日下午，郭沫若又出席中苏文协、全国文协、全国剧协三团体举行的欢送大会，到者二百余人。大会由邵力子主持，茅盾代表文协致辞，史东山代表剧协致辞，侯外庐代表中苏文协致辞，柳亚子和马寅初也分别致辞。阳翰笙当天的日记是这样记载的："文协、剧协、中苏文协，午后三时假文化沙龙，为郭老送行。到的人很多，剧协的朋友拟请我代表剧协致辞。我因与郭老太熟、太接近未便说话，故由我转请东山作代表。东山的话简单明了，说得还不错。在致辞的人中，以马寅初先生的话最受人欢迎。他强调我们有亲苏的必要。他说，我们决不能像包围解放区那样，也用几百万部队去包围苏联；谁要那样做，谁就是一个最愚蠢不过的人。他的话博得了满堂热烈的掌声！"大家致辞后，郭沫若致答词，表示"中国人民和诸位文化界人士都是主人，好比是我的君，我实是一个'差使'而已，但愿能够'使于四方，不辱君命'就好了"。当时的《新华日报》和《大公报》均做了报道。

6月9日早晨，郭沫若一连气写了四十二幅字，还清了"字债"。在郭沫若心目中，此次苏联之行，路途遥远，而且行程很长，许多事情难以预料，趁此机会还清"字债"，带有多重的含义。

当天上午，前来送行的朋友络绎不绝，郭沫若留大家午饭，由于人太多，大家只能轮流站着就餐。

午饭过后，郭沫若前往九龙坡机场，启程赴苏联。费德林、戈宝权、于立群等

中國科學院考古研究所

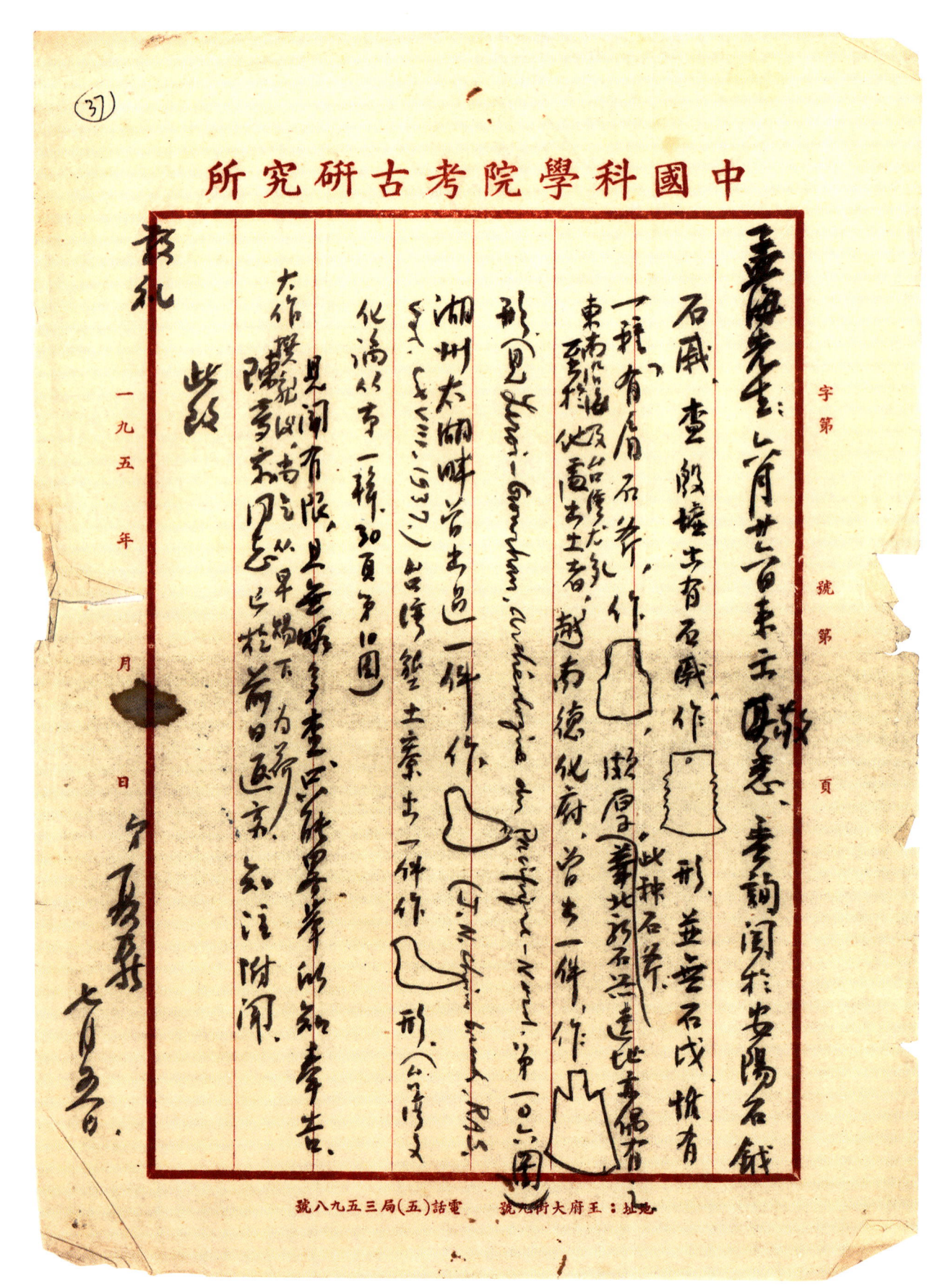

孟海先生：頃者廿七日來示奉悉，承詢關於安陽石鉞、石戚，查殷墟出有石戚作〔圖〕形，並無石戚懷有一種有肩石斧，作〔圖〕，漸厚，華北諸石斧此種石戚惟有東南沿海一帶始有之，乳越南德化府，曾出一件作〔圖〕他處古土者，龍山 Hsin-Ganshun, Archéologie du Pacifique-Nord, 第(二)冊，(J.M. Lajoux, bull. RAS, XVIII, 1937.) 台灣亦曾出土奉古一件作〔圖〕形，(台灣出湖州太湖畔亦曾出過一件作〔圖〕化滿地方一種30頁75圖)

見聞有限，只無暇多查，只能早草率作知奉告。

大作蒙允以吉光片羽賜下，為荷，陳夢家同志去於前日返京，知注附聞。

此致

敬禮

弟夏鼐

七月卅日

一九五五年　月　日

地址：王府大街九號　電話(五)局三五九八號

到机场送行。对于敦沫若启程赴苏，阳翰笙在日记写道："郭老决午后搭美国军用机飞昆转印，然后再经德黑兰去苏。""晨到郭家。送行的亲友很多。郭老在行色匆匆中，样子好像有些难过！""一时左右，因为他在九龙坡上机，我们没有汽车，只好送他到苏大使馆。临别时我同他紧紧地握了一下手，什么话都没有说，也就分别了。"

自此，郭沫若开始了赴苏之行，途中经停印度、巴基斯坦、伊朗，历时半个月，直到25日晚上才抵达苏联莫斯科的中央机场。由于耽误行程，郭沫若未能赶上出席苏联科学院成立二百二十周年大会的开幕式。

在苏联期间，郭沫若参观出席了一系列活动，8月16日启程回国，8月20日方回到重庆，结束了历时七十天的苏联之行。此时，日本已宣布投降，全国人民正沉浸在胜利的喜悦中。

郭沫若的这封信，一直由沙孟海珍藏。

沙孟海有保存师友书札的习惯。早在1922年，他就将师友书札装成一册，宁波名士张让三见到后，大为赞赏，欣然题记进行鼓励。此后，沙孟海辗转上海、广州、南京，抗日战争时期又避难武汉、重庆，几经战乱流离，图书典籍、文玩字画大多散失损毁，唯有师友书札完整地保存下来。

沙孟海生前，曾对这些书札加以整理，并亲拟了一个六七十位师友的目录，编为《若榴花屋师友札存》。"若榴花屋"是1926年暑期，沙孟海和从事革命工作的二弟文求、四弟文威租住上海戈登路715号时，庭院中石榴树正在开花，因此命名为"若榴花屋"。后又以此作为杭州西湖新居的斋号，意在纪念为革命而牺牲的二弟。

1992年10月10日沙孟海去世，享年九十三岁。1996年4月，沙孟海的四个子女将沙孟海留存的信件连同沙孟海书法、篆刻作品、文稿、藏品和图书等全部捐献给国家。

2004年纪念沙孟海一百周年诞辰，沙孟海子女选出一百位社会名流、艺术大师以及各界专家学者的信札，编为《名人书信手迹》一书，由杨仁恺作序，启功题签，2000年7月由上海人民美术出版社出版。该书采用散页形式，四色铜版纸彩印。

郭沫若的这封信，就包含其中。这部《名人书信手迹》仅印了五百套，定价680元，流通不广，因此郭沫若的这封信也就没有引起足够的重视。

由此，《郭沫若年谱长编》在1945年5月30日谱文中可以增加这样一句话："就受邀出席苏联科学院成立二百二十周年一事致信朱家骅，同时致信沙孟海询问有关出国手续。"《郭沫若书信集》也可以增收郭沫若的一封书信了。

原载：《郭沫若学刊》2023年第3期。

往事篇

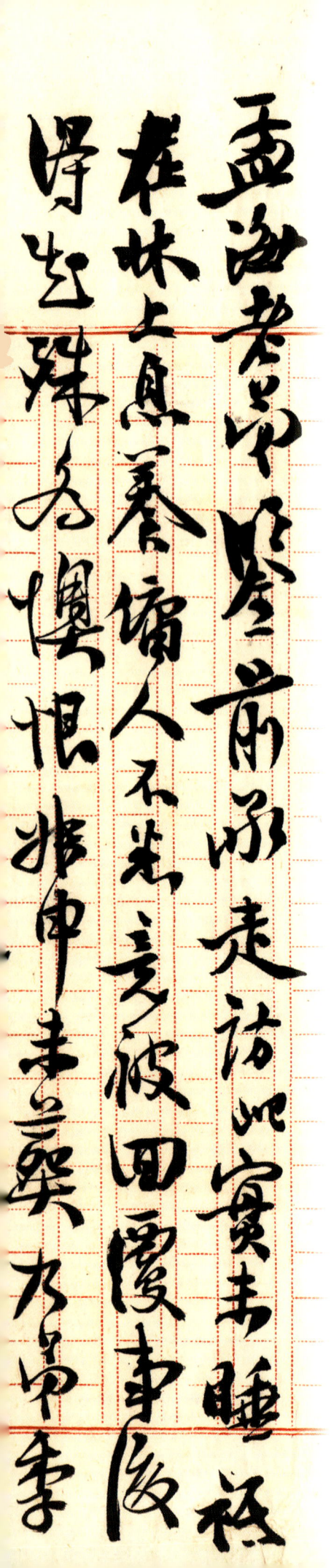

从《陈岊怀致沙孟海札》谈沙孟海早年代笔

古 心

  古人代笔一般是建立在共同礼俗习惯的基础上,当事人双方又彼此相知,并最终形成社会风习。其代笔往往只就应对画债、文债,并非单纯以经济利益为前提,甚至其间还包含了某些文人之间相互欣赏的成分,故被今人视为不雅之举于当时人们却"毫无扞格"。

中国文人、书画家的生活十分丰富，可述者甚多。其中，代笔、捉刀即是一种特殊的文化现象。中国古代，有许多关于"代笔""捉刀"的记载。至民国时期，为人代笔、捉刀现象仍时常流露于文人笔下。《陈屺怀致沙孟海札》便有非常清晰的记录，联想到沙孟海虽多次为他的师友代笔，然于沙氏的著述中却较少记录。现就《陈屺怀致沙孟海札》中，沙氏为人"代笔"这一现象略陈己见。

代笔，指科举时代顶替考生入场代写文章，亦指代作书画。据《汉语大词典》"代笔"条目解释："代笔，代作字画，亦指代作字画的人。"该词条下有一举例，清梁绍壬《两般秋雨盦随笔·代笔》释义："古书名家，皆有代笔：苏子瞻代笔，丹阳人高述；赵松雪代笔，京口人郭天锡；董华亭代笔，门下士吴楚侯。"施蛰存《北山谈艺录》在讲到董其昌多代笔一事时称"董其昌多倩赵文度及雪共代笔"。顾大申《董尚书画卷歌赠朱于雪田》中亦有诗云："董公墨妙天下传，润饰特资两君助。"

沙孟海《若榴花屋师友札存》中，有《陈屺怀至沙孟海札》一帧，内容为应叔申之弟请陈屺怀书写应申叔墓碑，陈请沙孟海代笔。称"老弟惯为我捉刀，仍以此件奉，恳务望本星期日写就掷下"。从此札中能够看到，沙孟海曾经常为陈屺怀代笔。"捉刀"与"代笔"在词典中释义相近，都是指为人代写文章或代作字画。信中提及的叔申是应叔申。应叔申，字启墀，与冯君木、陈屺怀、洪佛矢并称为"慈溪四才子"，遗著有《悔复斋诗集》。

此件手札从另一面证明了沙孟海早年的书写功力，使我们对于沙孟海早年备受师辈欣赏、信任的印象更加深刻了。"浙江三杰"之一的张让三曾致信沙孟海，请他为自己亡故的老友代写挽诗。两信札均为先贤对后辈的提携、信任，前者请沙代笔书碑，后者请沙提刀赋诗，内中都有着同样的勉励、称赏的感慨。

陈屺怀（1872—1943），名训正，历任上海《天锋报》社长、杭州市市长、浙江省参议会议长，著有《天婴室丛稿》《鄞县通志》等。

该信是陈屺怀请沙孟海代笔的。陈屺怀为甬上名士，何以请沙孟海代笔呢？而且信中还透露出另一个信息，即沙孟海惯为陈捉刀，从沙孟海的其他资料中亦可以发现沙孟海的代笔之事。陈屺怀何以对沙孟海如此器重，请为代笔？从沙孟海后来的记述中我们得知，陈屺怀应为沙孟海的老师。而老师请自己的得意门生代笔在当时是一件很平常的事。沙孟海曾撰文称：

孟海老師足鑒：前承走訪此間未睡醒，在林上兒一晤儒人不見，言彼田儂事後，得些許為憒恨非申寺一葉乃為弟書老本搨有煙華況因李老中瓜卧床恐毋慮言楮木之文我尋貴州之埋葬惟當碑明題寄家信此就寫此思老命慌苦我按刀附此件奉起務也於星期日寫就擲下匡刻蟬蝶碑趕起美士實人言陸出的之元買一碑也因念其事偶一子恨念の公夫 嘸胎過漢毛之此悚白

"冯、陈、洪三先生中年以后皆任职郡城，我有机会得以师事，亲受教诲。"沙孟海在同文中亦提及民国初年，甬上张让三、冯君木、陈屺怀、洪佛矢在郡中后花园创办国学社，招收学生补习经史、文学，推陈先生为社长。沙孟海在《冯君木冯都良父子遗事》中记载："以上四先生笃学洁行，荣于文辞，基本相同……应先生（应叔申）早年病瘵先逝，我未见过。"可见，陈屺怀请沙孟海代笔时，沙未与应有过联系。1985年，沙孟海《浙东三书家简介——任堇、钱罕和吴泽》中记载："堇老艺事精绝，而时人少所赏会。久患脚气一岁中必数发，因此身体大亏，对各方求索撰写文件积压甚多，不能及时肆应，遇寿屏大件，撰文脱稿，或转介我书之。"任堇（1881—1936），字堇书，原名觐光，字越隽，绍兴人，任伯年长子。沙孟海还在文中记载早年拜访任堇的往事："我早年为鄞县大咸乡撰一篇《赡灾碑记》，对主办人说，此是善举，我不受润笔，但要求请任堇书丹，主者同意。由我亲自登门携稿求书，堇老欣然命笔。"沙孟海在文中评价任堇"所作书皆远师太傅，境界之高，并世无两，不仅独步上海而已"，同时感叹任氏少为世人所知。

民国时期，社会对名人书画的需求激增，从而导致书画家、名人代笔现象的大量出现。人们直接感受到了师生之间、友朋之间、亲人之间对于代笔现象有着本能的接受。就当时情形看，以代笔为友情、为经济的风气相当浓厚，但代笔双方亦要求对方有较高的艺术造诣。沙孟海既为名士如陈屺怀代笔，又为专业书画家如任堇代笔，可见，沙孟海当时的书法已有相当的水准。正是沙孟海在与前辈的交游过程中，虚心向学，故而得到老一辈的奖掖。张让三在1920年8月2日致朱复戡的信中称"孟海书札大佳"。事隔一年即1921年8月25日，张又在致朱的信中说："沙孟海写黄石斋，极神似。"同年，张让三嘱沙孟海写"后乐园"额，1922年6月13日，张在致朱的信中有"沙孟海写石斋，皆佳"句。同年6月，宁波"栎亭"建成，张让三亦嘱沙孟海书写"栎亭碑记"，从中反映出沙孟海在当时颇受时贤推重。

在同一时期，弟子因受赏识而为老师代笔的事亦不乏其例。吴昌硕为了应付求画者，命大弟子赵子云代笔。李瑞清以书法蜚声，求者踵至，日不暇给。每日取小石（即胡小石，为李瑞清的得意弟子）代笔之佳者而署自己名，钤己印，作为应酬品。苏局仙不愿外人求书，曾撰一诗以却求书者："当今不少善书家，何必抛金反拾沙。老眼昏花妄下笔，秋风黄叶雁行斜。"遇有强求者，便由其子建侯代笔。庞莱臣能书画，然惮于应酬，晚年的作品，大都出于伯炎代笔。有关弟子代笔一事，亦可从与沙孟海有同学之谊的朱复戡的史料中获得印证。张让三亦曾有过让弟子代笔之事。1920年，朱复戡曾为张让三代写过一幅二尺见方的"东林庵"三字。后常为张让三代笔，直至1924年张让三去世。1922年6月，"宁波"建成时，征求乡贤为写楹联，张让三请朱复戡代写他本人及王正廷、张申之等四人楹联。山东名士王思衍有书名，其"墨宝并不易得，外人慕名求字，多半由他的得意门生（也是他的本家侄子）王松和以行草应付，颇能乱真"。

除了弟子为老师代笔而外，出于某种特殊的原因，友朋之间亦存在代笔现象。与文人间易于相轻的陋习相较，朋友代笔自然使人认为是善意之举，亦为社会所接受。王同愈工山水，兼善书法。去世后，所负画债甚多。吴湖帆与冯超然慨然承担下来，"两人分任其事，各画其半"。钱化佛在文章《周游圣地之谭云山》称："谭善书法，替鄙人题过画幅。"吴杏芬不善巨幅，"所有画件，如人物由沙辅卿代笔，陈寄鹤有时也代绘山水，叶指发代绘花卉，因为这几位画家，润笔都较便宜，杏芬订润贵，一个转手，却名利双收了"。在当时，亦存在亲人代笔现象。吴涧秋（亦作鉴秋）亦尝为胞兄吴待秋代笔："待秋居沪，笔墨生涯甚盛，鉴秋多为代笔。"

通过以上资料分析，从中发现，请人代笔有以下几种情况：一、书画家惮于应酬，求人代笔；二、书画家画债过多，求人代笔；三、书画家之间友情相助，欣赏某人技艺，并相互稔熟，请为代笔；四、书画家受商贾之托代笔；五、亲人之间互助代笔。代笔人身份大致有以下几种：一、学生为老师代笔；二、同辈友人互相代笔；三、无名人士为名人代笔；四、名人为无名人士代笔。

此外，从陈屺怀致沙孟海的信中还可以看出一个代笔付费的问题。信札中陈屺怀称："主其事系一土商人，主张出四五元买一碑也，可恨亦可笑。"由此可知，代笔书墓碑是要收润笔的。只是商人小气而已，故陈称其"土"，可恨亦可笑了。后来沙孟海因家庭经济负担甚重，又因各种写件应接不暇，乃请朱彊邨代订润格，并自撰《润约》一篇，由此再推之，沙孟海为师友代笔可能也有润笔。这种机会也不是人人可有的，也不是短时间就可以成就的，而主要得之于推荐人的信任与支持。也许可以推想，正是陈屺怀、张让三、任堇等老一代书家的推重，使沙孟海对代笔产生了一种态度，并进一步提高技艺，使其日后的订润（同时附文约）成为可能。

为人代笔现象是否真的为人所普遍接受，在今日普遍重视知识产权的背景下，我们不能妄下断言。不过，从许多资料中我们至少可以看到代笔的现象，尤其是书画家之间的代笔，是较为常见的。至于像陈屺怀这样负有文名的人，让学生代笔恐也不在少数，而代笔这一现象，又是建立在彼此清楚的基础上的，否则便不是代笔，而是伪托，那又与制造赝品无疑了。也许正是因为这种差别，才使文人、书画家之间的代笔现象成为可能，并得以延续下来。这里有两点需要说明：一是书画代笔与文章代笔的不同。书画代笔与文章代笔表面上看十分近似，但实际上因各自的专业与环境的不同，存在着较大的差异。仅就历史而言，文人代笔可上溯至汉代，而书画要迟得多。况且因其涉及个人性情的问题，也比较难于分析其代笔的实际情况，而这可能成为了解其后产生的代笔作品的一个极大的魔障。二是古人代笔与今人代笔之不同。古人代笔一般是建立在共同礼俗习惯的基础上，当事人双方又彼此相知（不包括文人、书画家与商贾之间的买卖关系），并最终形成社会风习。其代笔往往只就应对画债、文债，并非单纯以经济利益为前提，甚至其间还包含了某些文人之间相互欣赏的成分，故被今人视为不雅之举于当时人们却"毫无扞格"。这与今人以极端的功利目的为前提，当事人双方可能素不相识，只为沽名钓誉的代笔自然不可同日而语。虽然我们还只是就一些表面的资料来讨论代笔现象，但我们已觉得此现象产生的原因十分复杂。因此，我们只有收集代笔方面的更多资料，才能于代笔问题有进一步的认识。

读此信札，从中还发现一些问题，现质疑于后：

一、关于陈屺怀写信的时间。此信虽未注明时间，但从信中内容可断定为1914年，沙孟海曾在1990年的一篇文章中注明应叔申的卒年为1914年。此时，沙孟海年仅十五岁，沙氏在后来的文中提及应叔申一事，称从未与之谋面，也未提及代陈书墓碑之事。另，陈屺怀在致沙孟海的这封手札中口气亦过于客气，从中亦可以看出此时沙孟海不可能年仅十五岁。由此可以推断，此处的应氏卒年可能是沙孟海笔误。

二、关于代笔一事，沙老何以着墨不多？沙老在后来撰文时，除谈及为任堇代笔外，有关他人代笔一事，再未提及。而陈屺怀在该信中称沙氏"惯为我捉刀"，再联想到张让三曾致书沙孟海代他为老友邹鹿宾、洪后斋写挽诗之事，沙老亦不曾提及。以昔日代笔之平常，而于今却不着一墨，代笔一事，是耶？非耶？

原载：《书法赏评》2008年第6期。

图书在版编目(CIP)数据

沙孟海研究. 甲辰卷 / 沙孟海书学院编. -- 上海：
上海书画出版社, 2025. 1.
-- ISBN 978-7-5479-3529-3
Ⅰ. K825.72
中国国家版本馆CIP数据核字第2025KB0199号

沙孟海研究·甲辰卷
沙孟海书学院编

责任编辑	杨　勇　黄燕婷
审　　读	陈家红
责任校对	黄　洁
技术编辑	顾　杰
整体设计	陈绿竞
版式制作	李　挺

出版发行	上海世纪出版集团 上海书画出版社
地址	上海市闵行区号景路159弄A座4楼　201101
网址	www.shshuhua.com
E-mail	shuhua@shshuhua.com
印刷	上海丽佳制版印刷有限公司
经销	各地新华书店
开本	889×1194　1/16
印张	10.5
版次	2025年6月第1版　2025年6月第1次印刷
书号	ISBN 978-7-5479-3529-3
定价	128.00元

若有印刷、装订质量问题，请与承印厂联系